科技部“2021—2035年国家中长期科技发展规划研究编制”项目“支持粤港澳大湾区以科技创新打造高质量发展主引擎总体思路研究”（GHZX2020SSW013）资助

创新驱动
粤港澳大湾区高质量发展研究

陈诗波 ◎ 著

中国财经出版传媒集团
中国财政经济出版社
北京

图书在版编目（CIP）数据

创新驱动粤港澳大湾区高质量发展研究 / 陈诗波著
. --北京：中国财政经济出版社，2024. 6
ISBN 978 -7 -5223 -2978 -9

Ⅰ. ①创…　Ⅱ. ①陈…　Ⅲ. ①区域经济发展 - 协调发展 - 研究 - 广东、香港、澳门　Ⅳ. ①F127. 65

中国国家版本馆 CIP 数据核字（2024）第 059300 号

责任编辑：马　真　　　责任校对：张　凡
封面设计：智点创意　　责任印制：史大鹏

创新驱动粤港澳大湾区高质量发展研究
CHUANGXIN QUDONG YUEGANG'AO DAWANQU GAOZHILIANG FAZHAN YANJIU

中国财政经济出版社 出版
URL：http：//www. cfeph. cn
E - mail：cfeph@ cfeph. cn

社址：北京市海淀区阜成路甲 28 号　邮政编码：100142
营销中心电话：010 -88191522
天猫网店：中国财政经济出版社旗舰店
网址：https：//zgczjjcbs. tmall. com
中煤（北京）印务有限公司印刷　各地新华书店经销
成品尺寸：170mm ×240mm　16 开　13 印张　164 000 字
2024 年 6 月第 1 版　2024 年 6 月北京第 1 次印刷
定价：60. 00 元
ISBN 978 -7 -5223 -2978 -9
（图书出现印装问题，本社负责调换，电话：010 -88190548）
本社质量投诉电话：010 -88190744
打击盗版举报热线：010 -88191661　QQ：2242791300

前言

Preface

建设粤港澳大湾区（以下简称“大湾区”）是习近平总书记亲自谋划、亲自部署、亲自推动的重大国家战略。2019 年 2 月 18 日，《粤港澳大湾区发展规划纲要》正式发布。五年来，在一个国家、两种制度、三个关税区、三种货币的背景下，大湾区建设迈出坚实步伐，日益成为全球最有前景的增长极之一。

湾区是一个临海向洋的地理概念，在全球化浪潮中逐渐演变为推动全球经济发展的重要增长极，以及难以替代的新技术、新产业发展高地。当今世界正经历百年未有之大变局，全球科技创新进入密集活跃期，新一轮科技革命和产业变革对全球经济结构产生了深刻影响。大湾区建设全球科技创新高地和新兴产业重要策源地的比较优势在于，同时拥有着内地、香港、澳门的科创要素，这为以创新驱动大湾区高质量发展提供了基础支撑。

大湾区作为我国开放程度最高、经济活力最强的区域之一，在国家发展大局中具有重要战略地位。当下，国际上逆全球化暗流涌动，一些国家搞所谓脱钩断链、“小院高墙”“平行体系”。面对世界之变，大湾区建设被赋予新的历史定位。2023 年 4 月，习近平总书记在考察广东时明确提出“使粤港澳大湾区成为新发展格局的战略支点、高质量发展的示范地、中国式现代化的引领地”。这一新的战略定位为新征程上坚持依靠创新深入推进大湾区建设指明了前进方向、提供了根本遵循。

大湾区要实现高质量发展，就要在经济发展实力上实现由大到强，在社会治理上实现由中心到外围的现代化转型，在对外开放上先行先试，让人民生活幸福感、获得感实现跃升，在生态建设上实现绿色可持续发展，最终建设成为全球领先的国际一流湾区和世界级城市群。

当前，大湾区已形成多点群发、错落有致、各具特色的创新增长极。近年来，大湾区深入推进横琴、前海、南沙、河套等重大合作平台建设，打造光明科学城、南沙科学城，促进粤港澳三地科技创新高水平协同发展。世界一流的重大科技基础设施和高端科研资源集群在大湾区正加速成型。伴随全球产业和科技版图的深度重构，大湾区成为电子信息、软件、医药等领域的全球科技竞争前沿，也是全球科技创新的重要平台载体。2023 年，大湾区内地九市进出口 7.95 万亿元，占全国进出口总值的 19%。其中，高新技术产品进出口是大湾区的突出亮点，展现出科技研发与产业创新方面的突出优势。

与此同时，大湾区的高质量发展仍然面临着一些困境。例如，关键核心技术“卡脖子”难题依然凸显，高端产业集聚效应尚未真正形成，具有国际竞争力的创新主体相对匮乏，湾区内部科技合作层次有待提升，集聚全球高端创新要素资源和顶尖科技人才的国际化创新环境需要进一步完善。“他山之石，可以攻玉”，本书对京津冀城市群、长三角城市群、成渝双城经济圈三大国家级城市群以及东京湾区、旧金山湾区、纽约湾区三大国际知名湾区依靠创新推动区域高质量发展的典型做法和经验启示进行了梳理总结，以期为新时期大湾区以创新驱动区域高质量发展提供新思路、新视野。

大湾区的发展实践充分彰显了中国式现代化的光明前景和显著优势。同时，面对复杂严峻的内外部挑战，大湾区也要主动适应全球发展趋势，重点从强化国家战略科技力量的引领示范、探索供应链协同发展领先模式、构建国际化科技开放合作体系、为全球绿色发展贡献更多“中国方案”等方面领会新时代赋予的新目标和新任务，认真谋划高水平自立自强的现代化湾区建设的战略路径，着力从培育壮大国家战略科技力量，增强产业链关键核心技术自主可控能力，构建跨境协同创新机制和网络体系，打造“全链条式”科技创新生态，加快推进绿色智慧“数字湾区”建设等领域入手，以科技创新为牵引，努力将大湾区建设成更具综合竞争力的国际一流湾区和世界级城市群。

目录
Contents

第一章　粤港澳大湾区创新驱动高质量发展的形势背景

粤港澳大湾区（以下简称“大湾区”）建设是国家重大发展战略，在全国新发展格局中具有重要地位。《中华人民共和国国民经济和社会发展第十四个五年（2021—2025 年）规划和 2035 年远景目标纲要》在“坚持创新驱动发展，全面塑造发展新优势”“优化区域经济布局，促进区域协调发展”以及“坚持‘一国两制’，推进祖国统一”三个篇章都强调了大湾区的创新布局。2023 年 4 月，习近平总书记在视察广东时指出，要使大湾区成为“新发展格局的战略支点、高质量发展的示范地、中国式现代化的引领地”。这“一点两地”的战略定位为新阶段加快推进大湾区高质量发展提供了根本遵循。

一、高质量发展的内涵特征

（一）高质量发展面临新形势

实现高质量发展既是顺应世界经济发展大趋势的必然选择，也是我国全面建设社会主义现代化国家的现实需要。为适应国内国际新变化新要求，

2017年10月18日，党的十九大报告首次提出："我国经济已由高速增长阶段转向高质量发展阶段，正处在转变发展方式、优化经济结构、转换增长动力的攻关期，建设现代化经济体系是跨越关口的迫切要求和我国发展的战略目标"。这一重大判断的依据是："我国社会主要矛盾已经转化为人民日益增长的美好生活需要和不平衡不充分的发展之间的矛盾"。为解决社会主要矛盾，必须在保持经济发展速度的基础上，着力提高经济发展质量。

第一，面对前所未有的大国竞争，需要加快培育以技术、标准、品牌、质量等为核心的发展新优势。随着新一轮科技革命和产业革命深入发展，全球质量发展高度融合与协作的时代已经到来。从国际上看，大国竞争的重点逐渐由总量规模的较量转向质量水平的竞争。例如，美国、欧洲等西方国家和地区推行"再工业化""先进制造业"等战略，以提升产业质量竞争力，增强经济发展主动权和控制力；新兴市场国家正在制定质量提升计划，以推动经济转型升级。[①] 质量成为繁荣国际贸易、促进产业发展、增进民生福祉的关键要素。但目前，我国质量水平的提高仍然滞后于经济社会发展。应对新形势新要求，必须把推动发展的立足点转到提高质量和效益上来，培育以技术、标准、品牌、质量、服务等为核心的经济发展新优势，推动中国制造向中国创造转变、中国速度向中国质量转变、中国产品向中国品牌转变。因此，加快建设质量强国，全面提高我国发展的质量水平和整体竞争力，是在新一轮科技革命和产业变革中把握新机遇、迎接新挑战的战略选择。

第二，应对"三期叠加"的复杂局面，需要全面提升国内供给体系的质量和效率。2015年以来，为了应对"三期叠加"[②] 的复杂局面，我

① 贾福兴．加快建设中国特色社会组织 助力实现高质量发展［N］．人民日报，2022－02－18（16）．

② 增长速度换挡期、结构调整阵痛期、前期刺激政策消化期"三期叠加"。

国推出了以“三去一降一补”为重点任务的供给侧结构性改革。2018 年，我国进一步提出深化供给侧结构性改革，着力增强微观主体活力，提升产业链水平，推动金融和实体经济、房地产和实体经济关系调整优化。供给侧结构性改革推动了我国供给体系质量和效率的提升。2020 年以来，党中央进一步提出要加快构建以国内大循环为主体、国内国际双循环相互促进的新发展格局。这就要求在更高标准上统筹谋划扩大内需和优化供给，充分发挥超大规模市场优势，提升供给体系对国内需求适配性，打通经济循环卡点堵点，推动供需良性互动，在实现自身高质量发展的同时为世界经济注入新动力。

第三，实现中国式现代化的战略目标，必须完整、准确、全面贯彻以高质量为核心的新发展理念。习近平总书记在党的二十大上指出，“高质量发展是全面建设社会主义现代化国家的首要任务”，并在第十四届全国人民代表大会第一次会议上强调，“在强国建设、民族复兴的新征程，我们要坚定不移推动高质量发展”。这是以习近平同志为核心的党中央锚定新时代新征程党的中心任务、基于我国发展面临的内外部环境变化、全面把握现代化建设的共同特征和中国特色，高瞻远瞩作出的重大判断，审时度势作出的重要部署[①]。高质量发展是推进中国式现代化的必然要求。习近平总书记强调，没有高质量发展，就谈不上社会主义现代化。高质量发展本质上是体现新发展理念的发展，中国式现代化具有人口规模巨大、全体人民共同富裕、物质文明和精神文明相协调、人与自然和谐共生、走和平发展道路五个方面的中国特色，与创新、协调、绿色、开放、共享的新发展理念在内涵上相互贯通，在逻辑上一脉相承。党的十八大以来，我国坚持贯彻新发展理念，加快构建新发展格局，全力推动高质量发展，有效破解一系列结构性、周期性、体制性突出问题，有

---

① 郑栅洁．以高质量发展扎实推进中国式现代化建设［N］．学习时报，2023－07－10.

效应对外部环境变化带来的冲击挑战，成功推进和拓展了中国式现代化。新征程上，必须完整、准确、全面贯彻新发展理念，努力实现更高质量、更有效率、更加公平、更可持续、更为安全的发展，推动中国式现代化建设不断取得新进展新突破。

（二）高质量发展的内涵特征

高质量发展的理论内涵不是静态和孤立的，而是随着经济形势的发展不断呈现出新的要义。在2017年12月中央经济工作会议上，习近平总书记对高质量发展作出阐释："高质量发展就是能够很好满足人民日益增长的美好生活需要的发展，是体现新发展理念的发展，是创新成为第一动力、协调成为内生特点、绿色成为普遍形态、开放成为必由之路、共享成为根本目的的发展。"新时期，国内学者对高质量发展的理论内涵进行了深入研究，并从不同维度设计了高质量发展的评价体系。具体可以归纳为系统观、内涵观、过程观和综合观四大视角。在具体指标体系的构建和选择上，四个视角均围绕高质量发展内涵展开，但又各有交叉和侧重（见表1－1）。

表1－1　关于高质量发展的评价综述

评价视角	评价维度	作者
系统观	经济发展、人口发展、社会发展、生态环境	王志博
	经济子系统、社会子系统、自然子系统	黄顺春、何水保
内涵观	动力机制转变、经济结构优化、开放稳定共享、生态环境和谐、人民生活幸福	魏敏、李书昊
	高质量供给、高质量需求、发展效率、经济运行、对外开放	马茹等
	增长动能转换、产业结构优化、需求结构、效率效益提升、发展环境优化	刘丽波等
	创新发展、协调发展、绿色发展、开放发展、共享发展	华坚、胡金昕
	供需平衡体系、产业体系、市场体系、收入体系、区域发展体系、城乡发展体系、绿色发展体系、开放体系、经济体制机制	张燕生、梁姑姝

续表

评价视角	评价维度	作者
过程观	科技创新阶段、经济高质量发展阶段	王慧艳等
综合观	微观经济、中观经济、宏观经济	张丽伟、田应奎
	发展动力、新型产业结构、交通信息基础设施、发展开放性、发展协调性、绿色发展、发展共享性	张震、刘雪梦

资料来源：根据文献资料整理得到。

系统观视角。有学者认为，经济高质量发展是以满足人民日益增长的美好生活需要为根本，以质量第一、效益优先为原则，以新发展理念为指导，以绿色生态、社会人文、企业发展、经济效率、开放创新、民生共享等高质量发展为支撑，同时注重自然子系统、社会子系统的高质量发展，达到经济子系统、社会子系统、自然子系统等各个子系统效益的有机统一，实现“经济与人”“经济与社会”“经济与自然”之间的和谐（黄顺春、何永保，2018）①。在中国面临经济与社会“双转型”以及区域经济高质量发展新问题的现实背景下，高质量发展内涵的研究开始聚焦经济、人口、社会、生态环境等方面（王志博，2019）②。尤其是在产业结构优化升级、经济发展由高速度增长转向高质量增长的关键换挡期，对高质量发展内涵的界定需要从经济稳定增长、经济结构优化、绿色生态以及社会福利四个维度去评价（刘学之、段朵朵、王潇晖等，2020）③。也有学者从当前中国社会主要矛盾出发，认为高质量发展的评价主要包括经济成果分配、人力资本及分布状况、经济效率与稳定性、

① 黄顺春，何永保．区域经济高质量发展评价体系构建——基于生态系统的视角［J］．财务与金融，2018（06）：46－51.

② 王志博．中国区域经济实现高质量发展的思路和政策——基于高质量发展的评价指标体系构建与分析［J］．全国流通经济，2019（06）：86－87.

③ 刘学之，段朵朵，王潇晖等．新常态下中国省际经济增长质量指标体系构建及测度［J］．科技管理研究，2020，40（11）：38－45.

自然资源与环境、社会状况五个方面（杨耀武、张平，2021）①，是一种超越增长速度的、可持续的、能够满足人民日益增长美好生活需求的发展，包含了经济发展、社会发展、生态发展（宫汝娜、张涛，2021）②。在中国式现代化过程中，推进高质量发展的理论逻辑是中国经济高质量发展的最优路径选择，而最优路径选择应是符合价值逻辑要求的经济系统、自然系统和社会系统三大系统之间质量的耦合与互动（任保平、李培伟，2022）③。

内涵观视角。“十四五”以来，不少学者站在全新的历史时点和“十四五”规划纲要的高度思考高质量发展的内涵。有学者从全国宏观布局的视角研究认为，未来高质量发展将聚焦于我国经济发展的突出短板，依托于五大发展理念和经济社会发展目标，强调更可持续化、更绿色生态、更创新高效的道路。因此，高质量发展被认为是一种经济运行稳定，创新驱动力强，社会和谐与共享度高、资源环境可持续，能够助力解决人民日益增长的美好生活需要和不平衡不充分的发展之间的矛盾的高端发展模式与动力状态（方若楠、吕延方、崔兴华，2021）④。“经济高质量发展能力”就是在推进经济高质量发展进程中区域经济系统呈现的质量效率水平及持续竞争能力（王忠辉、冯玉婷、张飞，2022）⑤。高质量发展必须是科学创新、统筹协调发展、绿色可持续性、经济贸易开放、发展成果共享五个维度共同作用的发展。经济高质量发展要求坚持“创新”，

---

① 杨耀武，张平．中国经济高质量发展的逻辑、测度与治理［J］．经济研究，2021，56（01）：26－42.

② 宫汝娜，张涛．区域高质量发展的内涵与测度研究——九大国家中心城市的实证分析［J］．技术经济与管理研究，2021（01）：105－110.

③ 任保平，李培伟．中国式现代化进程中着力推进高质量发展的系统逻辑［J］．经济理论与经济管理，2022，42（12）：4－19.

④ 方若楠，吕延方，崔兴华．中国八大综合经济区高质量发展测度及差异比较［J］．经济问题探索，2021（02）：111－120.

⑤ 王忠辉，冯玉婷，张飞．我国沿海省份经济高质量发展能力综合评价［J］．统计与决策，2022，38（09）：114－118.

坚持“多方协同”，坚持“生态优先”，坚持“对外开放”，落脚“民生福祉”（熊晓娅，2022）①。在中国式现代化背景下，在双循环新发展格局引领下，经济高质量发展内涵既要充分体现五大发展理念，又要实现质与量的有机统一，还要有效统筹好开放与安全（张二震、戴翔，2023）②。

也有不少学者从以人民为中心的思路出发，认为高质量发展应该是逐步缓解社会主要矛盾的发展，出发点和落脚点都应该是人民群众，逐步满足人民群众对美好生活的物质需求，使人民群众在环境、安全等方面得到保障（陆璐，2022）③。在科学把握党的二十大精神的背景下，高质量发展要更加突出高质量发展的“高”，突出新概念和新要求，从创新发展、协调发展、绿色发展、开放发展、共享发展五个维度出发评价（李莹莹，2023）④。从本质上看，高质量发展的五个方面都以实现共同富裕为导向，不仅表现在从经济结构调整、经济增长方式转变、经济增长动力转换方面实现质量变革、效率变革、动力变革，还在于从经济发展的过程中为全体人民的自由全面发展提供基本保障，实现经济发展与人的发展的辩证统一，体现高质量发展的人民至上价值取向（韩喜平、刘岩，2022）⑤。也就是说，为了满足人民日益增长的美好生活需要为目标、以创新为动力和引领的供需高效、协调公平、绿色发展、安全开放的可持续发展（王宏伟、张静、贾扬帆，2023）⑥。

---

① 熊晓娅．中国经济高质量发展变量选择及空间分析［D］．重庆：重庆工商大学，2022.

② 张二震，戴翔．以“双循环”新发展格局引领经济高质量发展：理论逻辑与实现路径［J］．南京社会科学，2023（01）：51－59.

③ 陆璐．我国经济高质量发展水平测度及收敛性分析［D］．武汉：中南财经政法大学，2022.

④ 李莹莹．中部地区高质量发展的水平测度及路径探索［J］．统计理论与实践，2023（12）：35－40.

⑤ 韩喜平，刘岩．实现以共同富裕为导向的高质量发展［J］．山东社会科学，2022（03）：5－10.

⑥ 王宏伟，张静，贾扬帆．我国区域经济高质量发展研究［J］．技术经济，2023，42（11）：120－131.

过程观视角。有学者强调，创新是引领高质量发展的第一动力，把科技创新驱动经济高质量发展复杂过程划分为科技创新、经济高质量发展两个阶段，构建起科技创新驱动经济高质量发展绩效评价体系（王慧艳、李新运、徐银良，2019）①。蓝乐琴、黄让（2019）认为，创新驱动经济高质量发展主要有三种类型，根据各要素类型的比重，可以分为创新驱动经济初级发展、创新驱动经济资本发展以及创新驱动经济高级发展三类，经济高质量发展阶段通常高级创新要素占比较大，发展模式较为成熟，具有持久的竞争力②。肖仁桥等（2020）基于两阶段创新价值理论，将科技创新活动分解为科技研发和成果转化两个相关联的子阶段，并从经济创新发展、协调发展、绿色发展、开放发展、共享发展五个方面评价科技创新绩效对于高质量发展的推动作用③。喻登科、李娇（2021）认为，技术创新、商业模式创新、环境创新、制度创新等是推动区域高质量发展的重要因素，区域创新驱动力与高质量发展水平显著正相关，创新质量能够为高质量可持续发展带来长效动能④。甘文秀（2023）从创新驱动、协调增长、绿色宜居、对外开放、共建共享五个层面对高质量发展水平分析和评估⑤。

综合观视角。还有不少学者认为，高质量发展是一个综合性概念，具有丰富内涵。张震、刘雪梦（2019）基于新时代经济发展面临的新环境、新形势，从经济发展动力、新兴产业结构、交通信息基础设施、经

---

① 王慧艳，李新运，徐银良．科技创新驱动我国经济高质量发展绩效评价及影响因素研究［J］．经济学家，2019（11）：64－74.

② 蓝乐琴，黄让．创新驱动经济高质量发展的机理与实现路径［J］．科学管理研究，2019，37（06）：10－17.

③ 肖仁桥，沈路，钱丽．新时代科技创新对中国经济高质量发展的影响［J］．科技进步与对策，2020，37（04）：1－10.

④ 喻登科，李娇．创新质量对区域高质量发展的解释力：创新投入规模比较视角［J］．科技进步与对策，2021，38（03）：40－49.

⑤ 甘文秀．科技创新投入对我国经济高质量发展的影响研究［D］．重庆：重庆工商大学，2023.

济发展开放性、经济发展协调性、绿色发展、绿色发展共享性七个角度评价高质量发展水平①。刘丽、吴慈生等（2020）认为，高质量发展内涵丰富，包容性很强，应从多层面多角度理解：微观层面上，主要是产品和服务质量提升，中国质量仍然有较大的提升空间；中观层面上，主要是价值链和创新链提升，即围绕产业链拓展创新链，培育新增长点、形成新动能，中国产业需迈上全球价值链中高端；宏观层面上，主要是经济发展方式和效益，中国经济需要转变发展方式、优化资源配置效率，提高全要素生产率、提升社会经济效益②。张涛（2020）也认为，理解高质量发展内涵需要从马克思主义政治经济学视角出发，建立宏微观一体化的测度体系，包括企业高质量发展指数、行业高质量发展指数和区域高质量发展指数③。王婉、范志鹏等（2022）认为，从宏微观层面可将经济高质量发展概括为生产要素投入少、资源配置效率高、资源环境成本低、经济社会效益好的可持续发展④。

综上所述，关于高质量发展，目前尚无统一的研究范式和界定标准，更多是根据事物发展所处具体阶段、视事物所面临的主要矛盾而定。

（三）大湾区高质量发展的新内涵

“高质量发展”是中国式现代化的首要任务和构建新发展格局的战略任务。大湾区高质量发展对于新时期构建新发展格局具有重要的战略意

① 张震，刘雪梦．新时代我国15个副省级城市经济高质量发展评价体系构建与测度［J］．经济问题探索，2019（06）：20－31，70.

② 刘丽，吴慈生，王林川．新经济背景下中国经济高质量发展的内涵及特征［J］．哈尔滨师范大学社会科学学报，2020，11（06）：92－97.

③ 张涛．高质量发展的理论阐释及测度方法研究［J］．数量经济技术经济研究，2020，37（05）：23－43.

④ 王婉，范志鹏，秦艺根．经济高质量发展指标体系构建及实证测度［J］．统计与决策，2022，38（03）：124－128.

义。2023年是全面贯彻党的二十大精神的开局之年，习近平总书记首次地方视察选择了广东，要求把大湾区建设成为新发展格局的战略支点、高质量发展的示范地、中国式现代化的引领地。“一点两地”是以习近平同志为核心的党中央着眼新时代推进中国式现代化大局、赋予大湾区高质量发展的新定位、新目标和新内涵。大湾区要实现高质量发展，就要坚持把创新作为区域经济发展的根本动力，把产业结构协调、区域社会协调等作为解决社会主要矛盾的主要途径，把绿色生态发展作为重要标准，把开放稳定作为制胜法宝，把提升居民福利水平、共享和谐作为最终目标。

1. 大湾区要成为以科技创新引领区域高质量发展的示范地

党的二十大报告在部署完善科技创新体系任务时强调，要“统筹推进国际科技创新中心、区域科技创新中心建设”。加快大湾区具有全球影响力的国际科技创新中心建设，是建设富有活力和国际竞争力的一流湾区与世界级城市群，打造高质量发展典范的首要任务、重中之重，也是大湾区建设最有共识、最具优势的地方。2023年8月，国务院发布了《河套深港科技创新合作区深圳园区发展规划》，要求坚持科技创新和制度创新双轮驱动，着眼全球配置一流科创资源，构建最有利于科技创新的政策规则体系，建设国际领先的科研实验设施集群，建立更加完备的科技创新生态体系，率先融入全球创新网络，将河套深港科技创新合作区打造成为大湾区国际科技创新中心的重要极点。这一部署为大湾区持续锚定“一点两地”战略定位，高质量推进区域发展提供关键的战略支撑。其意图在于，以合作区建设为抓手，不断优化三地合作机制，加强三地资源共享，创新要素的自由流动；同时，发挥香港、澳门的区位优势，利用其优越的国际化营商环境，汇聚内地以及全球的创新资源，努力把大湾区建设成依靠科技创新引领高质量发展的典范之地。

2. 大湾区要成为发挥独特优势、构建具有全球竞争力现代化产业体系的领跑者

党的二十大报告强调，要加快建设现代化产业体系。这是党中央从全面建设社会主义现代化国家的高度作出的重大战略部署，是推动高质量发展的必然要求，也是大湾区成为新发展格局战略支点的基础支撑。一方面，大湾区区域内产业链供应链相对完备、人才集聚、联通内外，是我国经济活力最强、开放程度最高的区域之一，也是我国产业链最重要的节点地区之一，具有成为新发展格局战略支点的经济基础。另一方面，香港、澳门、广州和深圳是全球知名的国际化大都市，珠江三角洲是全国重要的制造业基地，这些要素让大湾区具有成为新发展格局战略支点的空间和区位优势，能够承担建设具有国际竞争力的现代化产业体系的时代责任。

3. 大湾区要成为践行“一国两制”伟大构想、促进全方位对外开放的新坐标

大湾区的崛起不仅表现为一种区域力量，更是国家力量的象征，彰显着我国全方位对外开放的决心和诚意，也体现了“一国两制”框架下我国区域一体化发展带来的新变化和新使命。一方面，大湾区代表着主权国家内三个独立关税区深化合作的一次重要尝试，涉及的区域合作创新是全方位的，需要在“一国两制”基础上构建覆盖不同制度区的高效公共服务体系。另一方面，大湾区城市群包括多个不同行政区域的城市，社会形态、人口结构、政府关系更加复杂，需要从更大范围内统筹推进社会治理水平和治理体系的现代化建设。

4. 大湾区要成为破解贫富差距难题、推进区域协调发展和共同富裕的新样板

当下，我国最主要的矛盾表现为人民日益增长的美好生活需要和不平衡不充分的发展之间的矛盾。在不平衡不充分的矛盾制约下实现区域协调、高质量发展和共同富裕，是新时期全国上下面临的巨大挑战。大湾区经济发展活跃，产业基础实力强劲，整体富裕程度领先全国，但仍然存在区域内部发展不平衡的问题，例如珠三角与粤东西北的对比差距，类似中国东部沿海地区与中西部欠发达地区。区域贫富差距明显的大湾区若可实现相对均衡的发展，必将为全国树立榜样。因此，加快推进共同富裕、实现乡村全面振兴，不断增强湾区内人民群众获得感、幸福感、安全感，促进区域协调发展和可持续发展，成为新时期大湾区推进区域高质量发展的新使命。

5. 大湾区要成为推进跨区域生态治理、全面落实国家“双碳”战略的排头兵

海湾是大湾区的核心生态要素。近年来，大湾区建设用地快速增长，占用了大量林地、耕地、湿地等生态用地，海陆之间的生态过渡带、城乡农林过渡带、山海之间的生态廊道等被人为活动破坏和阻断，导致区域生态格局趋于破碎化，也引发了生态环境破坏、光污染、城市热岛效应等一系列问题，亟须从联防联治、共建共享等方面持续推进生态文明建设，这也是未来一段时间大湾区高质量发展的重要内容。同时，“碳达峰、碳中和”战略深入实施，必将对未来生产生活方式和产业发展布局产生颠覆性影响。大湾区如何抢占国际“碳中和”技术和产业高地，获得更大的国际“碳”话语权，也是今后一段时期面临的重要命题。

（四）创新驱动大湾区高质量发展面临新形势

当前，世界多极化、经济全球化、社会信息化、文化多样化深入发展，全球治理体系和国际秩序变革加速推进，为提升大湾区国际竞争力、更高水平参与国际合作和竞争拓展了新空间。同时，大湾区发展也面临诸多挑战。湾区内部发展差距依然较大，协同性、包容性有待加强，部分地区、领域仍存在同质化竞争和资源错配现象。

1. 逆全球化形势对大湾区在承担国家科技安全、经济安全战略任务中加强重大原始创新布局赋予了新使命

自贸易战以来，中美科技关系由合作走向竞争，并在重点领域利用“长臂管辖”进行技术封锁及技术扩散的管控。国家科技安全和经济安全需要得到维护与保障，这对大湾区加强基础研究布局，实现自主创新、实施技术创新跨越提出了新的要求。大湾区作为我国参与全球生产分工的重要窗口，在国家科技安全、经济安全战略任务中承担着重要使命。在此形势下，亟须以科技创新体制机制创新为动力，以建设国家科技创新中心和综合性国家科学中心为目标，以建设国家实验室、大湾区科技创新走廊为主平台，力争到 2035 年形成整体的原始创新能力和集成创新能力，建成世界一流的创新生态环境。

2. 新一轮科技革命从微观到宏观各个尺度向纵深演进，对大湾区科技资源配置方式与管理模式改革提出了新要求

新一轮科技革命和产业变革正在重构全球创新版图、重塑全球经济结构。这对新时期区域创新科技资源配置方式与组织管理模式的改革和创新提出了更高要求。在“一国两制”下，粤港澳社会制度不同，法律制度不同，分属于不同关税区域，市场互联互通水平有待进一步提升，生产要素高效便捷流动的良好局面尚未形成。粤港澳需要借助新一代产业革命的东风，催生更多新的生产方式、组织形态和商业模式，加快建立区域间要素市场化流通机制，使数据流动性和可获得性大幅提高，信息不对称性不断降低，促进湾区内科技创新资源配置方式与空间管理模式不断向社会化、网络化、平台化、扁平化、小微化推进，推动产业边界模糊化、产业组织网络化、产业集群虚拟化、组织结构扁平化。

3. 构建以内循环为主的双循环发展新格局，对大湾区通过区域间创新小循环拉动国内创新大循环提出了新期望

加快构建以国内大循环为主体、国内国际双循环相互促进的新发展格局，是与时俱进提升我国经济发展水平的必然要求，也是塑造我国区域创新竞争新优势的战略抉择。大湾区作为中国开放程度最高的区域之一，在快速发展的同时仍面临一些制约和束缚。一方面，大湾区产业外向型导向较强且偏向传统，在全球竞争格局中易被替代和超越，亟须通过科技创新来推动产业链实现横向延伸和纵向跃升。另一方面，湾区内部的资源整合与协同程度还不高，珠三角与港澳之间、香港与澳门之间、内地九市之间尚未形成一体化的产业发展格局，创新链和产业链还没有实现深入融合，亟须充分利用便捷的区位条件和“一个国家、两种制度、三个关税区、三种货币”的体制特点探索开放的创新经济，打造国内外双循环的重要交汇点，通过粤港澳区域间创新小循环稳步推动国内循环。

4. 区域不平衡不充分问题依然严峻，对大湾区科技创新坚持系统性布局指明了新路径

随着科技发展和社会进步，我国科技创新建设实践越来越丰富和复杂，具有越来越强的综合性、动态性和系统性。“坚持系统观念”作为

“十四五”时期我国经济社会发展必须遵循的五项原则之一，为区域创新驱动发展指明了方向。大湾区涵盖了香港特别行政区、澳门特别行政区和广东9个城市，各种原因造成了湾区内部各城市间发展基础差异较大，没有也不可能出现可以完全复制的模式，给大湾区内部协调发展带来困扰。同时，各地间科技创新能力差异显著。广州和深圳是大湾区高校和科研院所集聚主阵地，占比近七成，且广州科研优势最为突出；从创新和创业能力来看，深圳市大幅度超过其他城市。区域创新发展不平衡不充分问题仍然突出，必须从系统观念出发加以谋划和解决，全面协调推动区域高质量发展。

（五）创新驱动大湾区高质量发展的重点方向

高标准建设大湾区是新时期推动形成全面开放新格局的新举措，也是推动“一国两制”事业发展的新实践。大湾区的高质量发展需要紧紧围绕“一点两地”新使命，充分发挥粤港澳综合优势，力争在建设更具国际竞争力的现代化产业体系上，在以科技、人才、教育为支撑的高水平科技自立自强上，在城乡协调、区域协调和共同富裕上，以及在物质文明和精神文明协同发展上取得新突破，努力建设富有活力和国际竞争力的世界一流湾区。

1. 坚持科技引领，加快推进高质量发展示范地建设

科技创新是大湾区高质量发展的动力引擎。而科创要素的高效流动是实现高质量发展的重要保障，也是大湾区建设国际科技创新中心和综合性国家科学中心的必要条件。[①] 高效率的科创要素流通，能够促进科技

① 陈能军．集聚科创要素，激发大湾区高质量发展动能［N］．光明日报，2023－10－11．

创新和技术进步，提高资源配置效率，强化产业链协同发展并提升企业竞争力。近年来，大湾区持续增强战略科技力量建设，努力促进基础研究和应用研究领域的优势互补与城市科技创新的联动发展。截至2023年5月，大湾区已建成34家国家级和71家省级国际科技合作基地、20家粤港澳联合实验室，鹏城实验室、广州实验室挂牌运作，科技创新综合水平迈入全球前列。未来，大湾区在“一点两地”的新定位新使命下，应当充分依托区域内各地要素优势和便利条件，形成更加紧密的创新网络，促进高校、科研院所和企业的创新协同能级跃升。同时，加快推进国内国际科技资源深度融合，推动大湾区与国际创新高地的对接和合作，实现科技创新要素的全球配置①。

2. 优化产业结构，着力推进现代化产业集群建设

制造业是大湾区产业发展的鲜明底色，也是大湾区推进高质量发展的关键抓手。大力推进现代化产业集群建设、争创国家先进制造业集群可列为大湾区制造业高质量发展的重点任务之一。例如，重点培育发展集成电路、新能源汽车、新型储能等战略性新兴产业集群，前瞻布局人工智能、量子技术等未来产业集群；加快制造业高端化步伐，推进制造业与服务业双向融合，推动传统制造业转型升级和产业结构高级化，提高主导产业的全要素生产率和科技贡献率；加快建设一批引领型产业集聚区、支撑型产业园区和“万亩千亿”大平台，做大做强一批特色专业园区，强化承接产业转移平台载体建设；打造梯次型产业格局，推动区域协同联动，形成合理的产业分工格局等。

3. 推动绿色发展，努力绘就高质量发展生态底色

绿色发展是指导“美丽湾区”建设的重要理念，也是大湾区突破资

① 谢宝剑．粤港澳大湾区高质量发展加速推进［N］．光明日报，2023－07－18（12）．

源环境瓶颈制约、转变发展方式、实现可持续发展、高质量发展的必然选择。未来，大湾区要加快推进“绿色湾区”生态建设，既要优化绿美湾区空间布局，整体推进城乡绿化美化，打造一批特色优势生态应用场景等，又要建立健全生态产品价值实现机制，开展生态系统生产总值（GEP）核算试点、生态综合补偿试点。既要着力推进重点领域环境污染防治工作，构建以生态环境污染源头预防、过程控制、损害赔偿、责任追究的全过程治理机制，又要大力推广绿色低碳生产生活方式，加快发展海上风电、光伏发电等清洁能源，促进绿色科技创新成果转化应用，发展一批低碳零碳负碳新材料、新技术、新装备等产业项目①。

4. 加强国际标准对接，全面扩大高水平对外开放

对外开放是大湾区建设的基本特征和鲜明优势，也是打造国际一流湾区的必然要求和关键之举。当前，国际政治经济格局复杂多变，贸易保护主义问题突出。未来，大湾区应充分借助域内各种高能级对外开放平台，多措并举推动国际创新网络建设，促进资本市场和自由贸易市场规模进一步扩大，持续提升大湾区对外开放水平。同时，着眼全球发展战略，推动高标准湾区建设，重点推进国际贸易和投资通行规则、技术标准等领域接轨国际，加快形成开放型经济新体制，不断抢占国际经贸主动权和话语权；充分发挥大湾区对外开放的独特区位优势，依托内地九市对外经贸联系紧密、外向型经济支撑明显等优势，建设具有重要影响力的国际交通物流枢纽，形成高水平对外开放的区域联合体，在更高层次上参与国际经贸合作和竞争发展，在打造高水平对外开放门户枢纽中迈进国际一流湾区行列②。

---

① 谢宝剑．粤港澳大湾区高质量发展加速推进［N］．光明日报，2023－07－18（12）．

② 李慧敏．高质量高标准加快建成国际一流湾区［N］．红旗文稿，2023（8）．

5. 促进发展成果共享，切实增进民生福祉

人民对美好生活的向往是中国式现代化建设的出发点和落脚点。当前，大湾区民生领域还有不少短板弱项，学前教育、基础教育还存在学位供需不均、结构性错配等问题，粮食、能源、水资源等安全任务艰巨。未来，大湾区要进一步完善民生保障制度，努力让发展成果更多更公平惠及湾区人民；进一步完善分配制度，瞄准共同富裕的发展目标，在持续发展经济创造更多财富的同时，切实缩小收入差距，提高人民再分配收入；进一步健全大湾区公共服务政策制度体系，增强城乡、区域公共服务供给的均衡性和可及性，推动基本公共服务实现优质普惠。在推进大湾区高质量发展的过程中，织密扎紧社会保障安全网，牢牢兜住民生底线，让人民幸福感更加充实、更有保障、更可持续①。

二、粤港澳大湾区高质量发展的现实基础

（一）经济发展基础良好

1. 经济总量稳步增长，比肩世界三大著名湾区

近年来，大湾区经济持续呈现稳健增长态势。2018—2022 年，大湾区经济总量增长近 3 万亿元人民币。从全球范围看，2021 年纽约湾区 GDP 为 1.8 万亿美元，东京湾区 1.7 万亿美元，旧金山湾区 1 万亿美元，大湾区 GDP 1.67 万亿美元②，经济总量比肩世界级三大湾区。2022 年，

① 《中共广东省委 广东省人民政府关于新时代广东高质量发展的若干意见》。

② 数据来源：《世界湾区发展指数研究报告 2021》。

大湾区内地九市地区生产总值达104681亿元人民币。数据显示，2022年香港实现地区生产总值28270亿港元，按当年平均汇率折算，约24280亿元人民币；同年，澳门实现地区生产总值1773亿澳门元，约1470亿元人民币。2022年大湾区经济总量超13万亿元人民币，以全国0.6%的面积贡献了全国12.4%的GDP。2011—2022年11年间，大湾区GDP平均增速超过7%（见图1－1）。

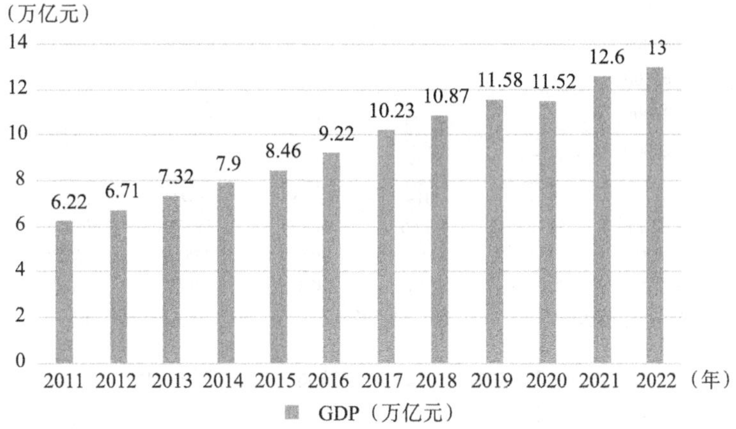

图1－1　2011—2022年粤港澳大湾区GDP

数据来源：《世界湾区发展指数研究报告》。

2. 产业结构不断优化，初步实现区域内错位发展

大湾区拥有300多个各具特色的产业集群，产业结构以先进制造业和现代服务业为主。其中，港澳地区现代服务业占主导，有较强的辐射力；内地九市产业体系比较完备，且制造业基础雄厚，是著名的“世界工厂”，产品科技含量不断提升。目前，大湾区主要城市第三产业占比高于全国平均水平。截至2022年，广东全省第三产业增加值70935亿元，一二三产业增加值占比分别为4.3%、38.5%、57.2%。分城市看，2022年广州市第三产业增加值占比达到71.5%，深圳市为61.6%，珠海市为

53.8%，服务业占比均超过50%，已从制造业主导的发展模式向服务经济模式迈进。同期，肇庆、惠州、佛山、中山、江门等城市第二产业发展实力强劲，具有良好的传统制造业基础。各城市各具特色的产业基础，构成大湾区内产业错位发展的格局（见图1－2、图1－3）。

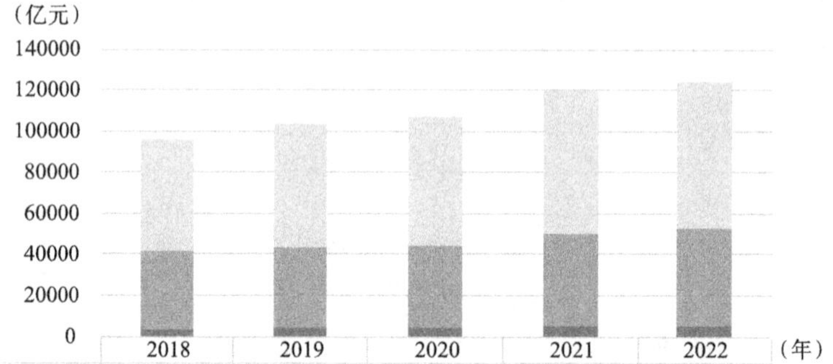

	2018	2019	2020	2021	2022
第三产业增加值	54710	60268	62551	69179	70935
第二产业增加值	37651	39142	39354	45510	47723
第一产业增加值	3836	4351	4733	4985	5340

■第一产业增加值　■第二产业增加值　■第三产业增加值

图1－2　2018—2022年广东省一二三产增加值

数据来源：广东省统计局。

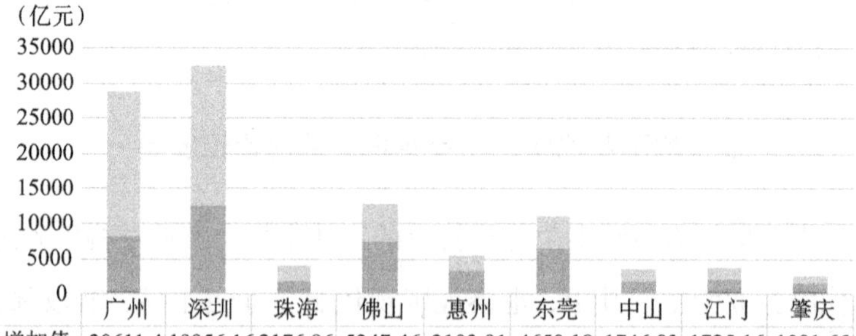

	广州	深圳	珠海	佛山	惠州	东莞	中山	江门	肇庆
第三产业增加值	20611.4	19956.16	2176.86	5347.46	2103.91	4650.18	1746.83	1725.16	1091.65
第二产业增加值	7909.29	12405.88	1808.08	7129.8	3019.87	6513.64	1795.25	1723.64	1126.94
第一产业增加值	318.31	25.64	60.52	221.13	277.45	36.5	89.2	324.61	486.46

■第一产业增加值　■第二产业增加值　■第三产业增加值

图1－3　2018—2022年大湾区内地九市一二三产增加值

数据来源：广东省统计局。

3. 制造业基础雄厚，产业上下游供应链完备

大湾区九市经过多年发展，拥有雄厚的制造业基础，是世界级制造业基地。2022 年，广东省制造业增加值达到 47723 亿元，占全国制造业增加值比重接近 12%。其中，中山、惠州、佛山、江门、肇庆等市轻工纺织、食品制造、家居制造、精细化工、金属加工等领域基础良好，正加快布局高端装备制造、新材料、新能源等产业。广州、深圳、东莞等市的高端装备制造、电子信息、新材料、生物医药具有先发优势，高新技术产业发展水平全国领先。大湾区内部制造业发展存在梯度，上下游产业供应链完备。比如，珠海的高端制造业可以实现与中山专业市场基地互通有无，广州先进制造业可以跟佛山资源优势互补，形成湾区内部制造业的上下游协作和差异化分工（见图 1 –4、表 1 –2）。

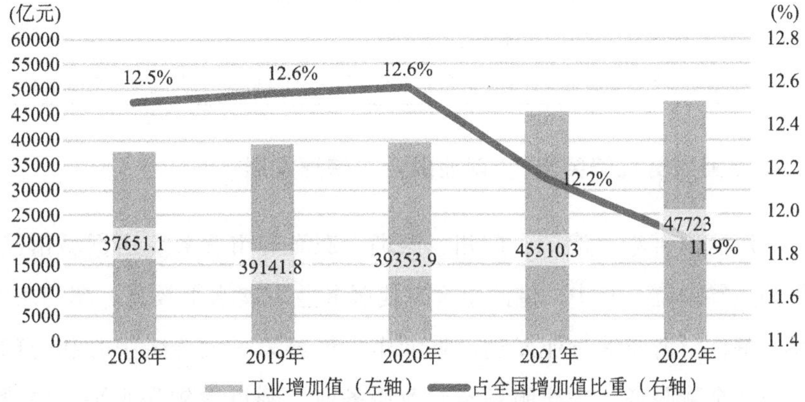

图 1 –4　2018—2022 年广东省工业增加值及占全国工业增加值比重

数据来源：《广东省统计年鉴》。

表 1 –2　"十四五"期间粤港澳大湾区各城市制造业主导产业

城市	制造业主导产业
香港	—
澳门	出口加工

续表

城市	制造业主导产业
深圳	生物医药、信息技术制造、高端装备制造、新材料、新能源
广州	纺织服装、美妆日化、箱包皮具、珠宝首饰、食品饮料、智能家居、新能源汽车、新材料
东莞	电子信息、高端装备制造、食品饮料、纺织服装鞋帽、软件与信息服务、新材料、新能源、生物医药及高端医疗器械、半导体及集成电路
珠海	家用电器、集成电路、生物医药、新能源、新材料、高端装备制造
中山	智能家居、电子信息、高端装备制造、生物医药、新能源、半导体与集成电路、智能机器人、激光与增材制造、汽车制造、超高清视频、精密仪器设备制造、数字创意
惠州	新能源、新材料、电子信息、生命健康、先进装备制造
佛山	新一代电子信息、智能家电、汽车产业、先进材料、轻工纺织、高清视频显示、生物医药、现代农业与食品制造
江门	智能家电、现代轻工纺织、生物医药与健康、现代农业与食品、高端装备制造、智能机器人、激光与增材制造、安全应急与环保、先进材料、绿色石化、新一代电子信息、新能源、汽车、半导体及集成电路
肇庆	新能源汽车、金属加工、电子信息、建筑材料、家具制造、食品饮料、精细化工

4. 专业服务优势突出，“两业融合”快速发展

大湾区内香港、澳门、广州、深圳、珠海五市服务业占据城市经济发展的主导地位。其中，港澳地区现代服务业发展水平较高。澳门旅游、贸易、餐饮、博彩等行业发达；香港作为世界第三大金融中心和全球物流中心，金融服务、法律服务及专业服务业达到世界领先水平，构建起接轨国际的专业服务体系。近年来，大湾区内地九市金融、信息、物流、商务、科技等高端服务业同样发展迅速，已形成先进制造业和现代服务业“双轮驱动”的发展格局。其中，深圳市依托高新技术产业发展优势和对接港澳的区位优势，打通了深港职业资质互认渠道，大力引进香港金融、法律、研发人才，科技服务、研发服务、金融服务、专业服务等领域快速发展；广州依托制造业基础优势，大力发展工业设计、金融服

务、电子信息服务等，成为全国知名的“设计之都”。大湾区内现代服务业与制造业发展深度融合，逐步构建起“研发—制造—专业服务”协同发展的新格局，并借助香港对外开放窗口，推动内地先进制造产品走向海外市场（见图1－5、表1－3）。

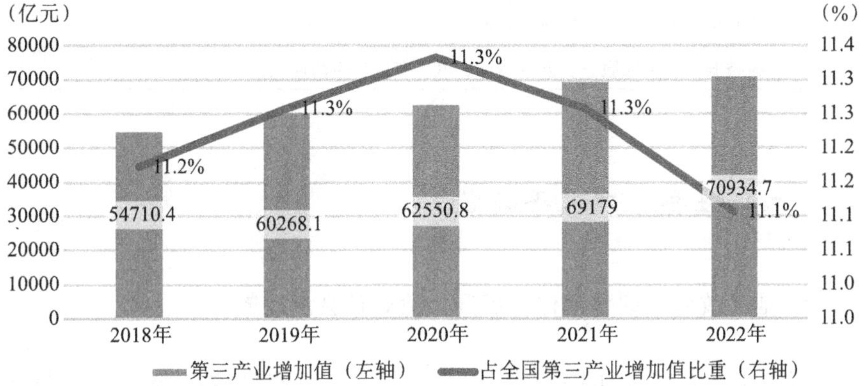

图1－5　2018—2022年广东省第三产业增加值及占全国第三产业增加值比重

数据来源：《广东省统计年鉴》。

表1－3　“十四五”期间粤港澳大湾区各城市现代服务业主导产业

城市	现代服务业主导产业
香港	金融服务、物流服务、专业服务、旅游
澳门	博彩业、金融服务、公共服务业、旅游
深圳	金融业、信息通信服务、交通运输、专业服务、生活性服务
广州	工业设计、专业服务、电子信息技术、生活性服务
东莞	科技服务、专业服务、金融服务、信息服务、电子商务、会展、生活性服务、文化旅游、工业设计
珠海	信息服务、科技服务、供应链服务、专业服务、工业设计、文化创意、生活性服务
中山	金融业、商贸流通、商务会展、文化旅游、现代物流、科技服务、信息服务、健康服务、商务服务
惠州	研发设计、信息技术服务、检验检测、科技服务、物流服务

续表

城市	现代服务业主导产业
佛山	工业设计、科技服务、现代金融、现代物流、商务会展、电子商务、专业服务、人力资源服务、生活性服务
江门	信息技术、现代物流、商贸会展、金融服务、人力资源、研发设计、知识产权、企业管理、工业设计、生活性服务
肇庆	科技服务、金融服务、创意设计、电子商务、生活性服务

（二）社会治理水平较高

1. 推动政府治理数字化，提升大湾区社会治理效能

近年来，大湾区加快建设数字政府，深入推进政务服务“一网通办”、省域治理“一网统管”、政府运行“一网协同”、数据资源“一网共享”。湾区九市不断完善“一网统管”体系建设，在政务服务中心设置60多个跨境通办服务实体窗口，政府治理数字化、科学化、精准化水平显著提升。例如，2021年深圳在重点城市一体化政务服务能力评估中以96.81的总体指数蝉联首位；粤港政务服务线上线下“跨境通办”取得突破性进展，创新建立在线身份互认体系，实现两地政务服务双向互通；粤港澳三地实现“人才通”“社保通”“就业通”。同时，大湾区还打造了“粤治慧”“粤经济”“湾事通”“湾商通”“粤省心”等政府服务平台，初步实现湾区内多种经济数据汇聚和共享应用，为企业、湾区人民提供精准的诉求解决渠道和服务，提升大湾区数字化社会治理效能。2022年大湾区创新推出粤复用、粤公平、粤基座、粤优行等一批国内领先的标志性政务应用成果，不断激发粤省事、粤商通、粤省心、粤智助等平台新活力，智能平台的用户数、活跃度、便利度稳居全国前列（见表1－4）。

表1-4　　2021年广州和深圳一体化政务服务能力评估情况

	总体指数	在线服务成效度指数	在线办理成熟度指数	服务方式完备度指数	服务事项覆盖度指数	办事指南准确度指数	国内排名
广州	95.92	95.47	94.79	94.97	98.97	96.78	2
深圳	96.81	96.17	96.99	96.69	97.10	97.43	1

数据来源：《省级政府和重点城市一体化政务服务能力（政务服务“好差评”）调查评估报告（2021）》。

2. 智慧城市建设日趋完善，城市数字化水平显著提升

目前，大湾区内互联网普及率、信息化发展水平连续多年领跑国内。大湾区9+2城市共同努力，打造了全球智慧城市群建设的标杆和样板。2020年，内地九市数字经济指数呈现出明显的“两核多梯次”分布体系，深圳和广州两个城市的数字经济发展总分均超过80分，智慧城市建设水平全国领先，其他七个城市的智慧城市建设各有特色，其中东莞、佛山和珠海三地数字经济发展得分均超过50分①。此外，大湾区进一步推动政务服务、政务办公、城市治理和城市安全感知四大领域的城市大模型创新建设。例如，广州推出数字城市创新实验室，探索政务大模型与数字政府、数字城市的融合；东莞市建设智慧城管实验室，解决城市管理难点痛点问题。

3. 新基建与传统基建协同发力，有效推动粤港澳互联互通

“十四五”以来，大湾区新基建与传统基建协同发力，进一步推动湾区互联互通。一方面，持续推动5G基建、特高压、城际高速铁路和城际轨道交通、新能源汽车充电桩、大数据中心、人工智能、工业互联网七大高新科技领域数字“新基建”建设。2021年，内地九市中心城区均实现5G网络广覆盖，深圳5G网络全覆盖和广州主要城区连续覆盖。2021年初，东莞

① 《2020粤港澳数字大湾区融合创新发展报告》。

累计建成充电桩约1.29万个，初步建成“半小时充电圈”；2022年6月，广州市累计建成新能源汽车充电桩达7.63万台；2023年8月，深圳累计建成41座超充站，充电设施22.7万个，以超级速度打造“超充之城”。另一方面，推动建成广深港高铁香港段、赣深高铁、南沙大桥等重大基础设施。2022年，大湾区铁路运营里程近2500公里，实现湾区市市通高铁。西九龙高速公路、港珠澳大桥等重大工程落成，粤港澳三地实现“半小时互联”。截至2021年底，大湾区高速公路通车里程达4972公里①，路网密度达到9.1公里/百平方公里，在国内外主要城市群中位居前列。广州、深圳、珠海、东莞等4个港口迈入亿吨大港行列（见表1－5、表1－6）。

表1－5　　粤港澳大湾区交通类型及数量统计表

交通类型	铁路	高速公路	城际铁路	运输机场	港口	大型桥梁
数量	2500公里	4972公里	476公里	7个	21个	26座

数据来源：《人民日报》。

表1－6　　2022年全球集装箱港口百强榜

排名	港口	国家	吞吐量（万Teu）（2022年）	吞吐量（万Teu）（2021年）	同比增速（%）
1	上海港	中国	4730	4703	0.6
2	新加坡港	新加坡	3729	3747	-0.5
3	宁波舟山港	中国	3335	3107	7.3
4	深圳港	中国	3004	2877	4.4
5	青岛港	中国	2567	2371	8.3
6	广州港	中国	2489	2418	1.6
7	釜山港	韩国	2208	2271	-2.8
8	天津港	中国	2102	2027	3.7
9	香港港	中国	1669	1780	-6.3
10	鹿特丹港	荷兰	1446	1530	-5.5

① 数据来源：2022年4月19日广东省政府新闻办新闻发布会。

（三）对外开放深入推进

1. 充分利用区位优势，高质量发展对外贸易

（1）外贸规模稳定增长。近年来，大湾区高质量发展对外贸易，推动外贸稳规模优结构。2022 年，湾区内地九市进出口总值 7.94 万亿元人民币，占广东省进出口总值的 95.6%。同年，大湾区港口沿海货物吞吐量达 17.55 亿吨，集装箱吞吐量达到 6490 万标箱。香港特别行政区政府政府统计处数据显示，2023 年 1—4 月，香港贸易总值为 27111 亿港币，商品整体出口货值上升 15.4%，进口货值上升 10.7%。澳门统计暨普查局报告显示，2023 年 1—10 月澳门货物进口 1173.78 亿澳元，相比于 2022 年同期增加了 2.13%，货物出口 108.61 亿澳元，相比于2022 年同期降低了 3.83%（见图 1－6）。

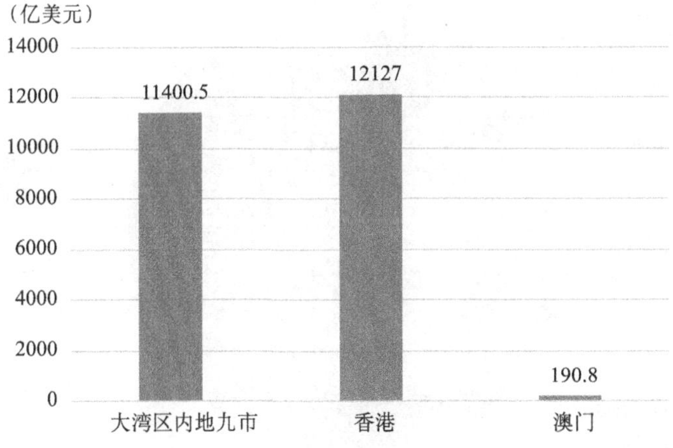

图 1－6　2022 年大湾区进出口总值情况

数据来源：大湾区内地九市统计年鉴和香港、澳门特区政府统计处，美元折算率为 2022 年 12 月 30 日国家外汇管理局公布数据。

（2）外贸结构持续优化。大湾区外贸结构正向高新技术产品进出口和知识密集型服务进出口方向转变。2023 年前三季度，广州港累计完成商品汽车出口 25.8 万辆，同比增长 56%。2022 年底在深圳成立的电子元器件和集成电路国际交易中心，到 2023 年 2 月时已累计实现交易规模 31 亿元。依托丰富的数字技术基础和全国近七成的跨境电商规模，2023 年 1—8 月，大湾区知识密集型服务出口占贸易进出口总额的比重就超过 50%。2023 年 1—10 月，澳门机器设备与零件累计出口 18.08 亿澳元，占比 17.3%，同期增长 15.5%，位列出口货物价值排行首位。香港外贸出口货物类别价值排名第一的是电动机械、仪器和用具以及零件（占比 46.9%），排名第二、第三的依次是通讯、录音及音响设备和仪器以及办公室机器和自动资料处理仪器，分别占比 12.1% 和 9.8%。特别是动力产生机械及仪器出口相比 2022 年同期增长了 24.1%（见图 1－7）。

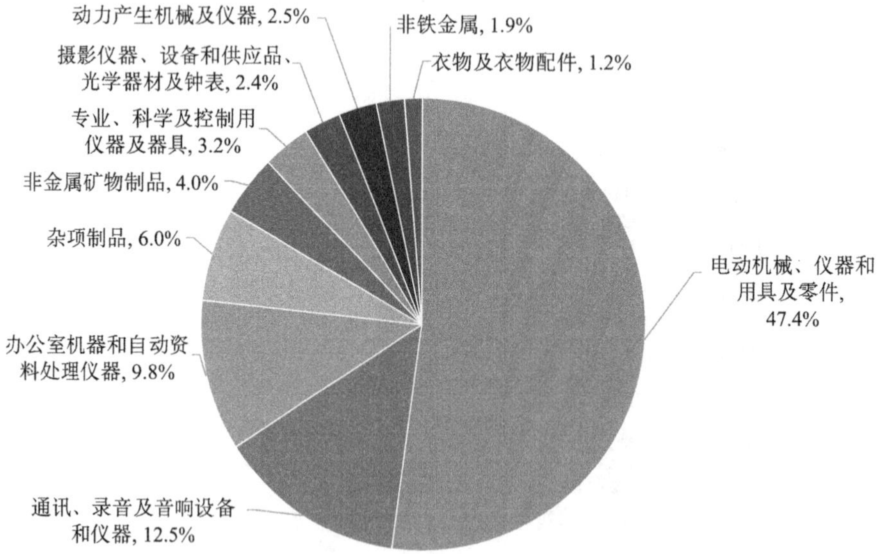

图 1－7　2023 年 1—10 月香港按主要货品类别划分的整体出口情况

（3）对外投资空间不断拓展。大湾区鼓励企业走向世界，广泛开展跨境投资和全球化布局。2013—2023年十年间，广东企业对“一带一路”共建国家年实际投资额从3.8亿美元增长到4.2亿美元，十年来累计新设立的境外企业机构近1500家，实际投资近50亿美元。香港则发挥其国际金融中心优势，依托全球最大的离岸人民币资金池和离岸人民币债券市场，不断推出离岸人民币投资产品和渠道，建立跨境互联互通机制，满足“一带一路”共建国家使用人民币作为跨境贸易结算和以人民币进行投融资的需求。香港金融管理局早在2016年就成立了基建融资促进办公室，为各主要持份者建立合作平台，携手参与大型基建投资和融资项目（见图1-8）。

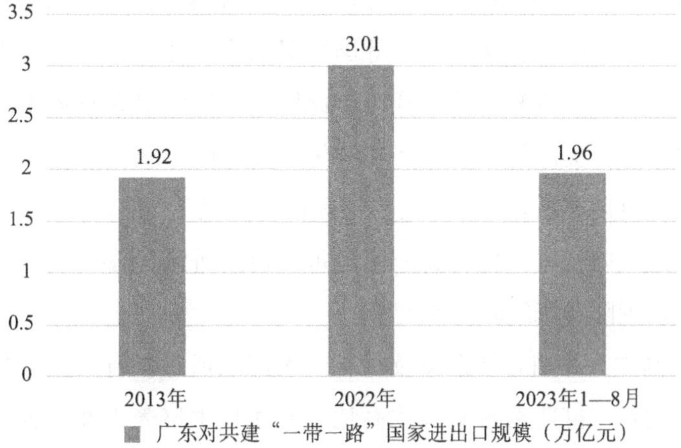

图1-8　广东对共建“一带一路”国家进出口规模

数据来源：中华人民共和国海关总署广东分署。

2. 加快推进机制互联，高标准建设发展环境

（1）国际化营商环境不断完善。《2020年全球营商环境报告》显示，香港排名全球第三。2022年世界银行发布《宜商环境评估体系》显示，香港是全球第三最受欢迎的仲裁地。澳门则依托其自由港、单独关税区地位以及与葡语国家的紧密联系，在2020年“全球经济自由度指数”排名中位列第35位，亚太地区排名第9。此外，2023年7月7日，广东省人民政府发布《广东省优化营商环境三年行动方案（2023—2025年）》，2023年8月起大湾区内地九市依托此方案出台了“江门优化营商环境18条”、《肇庆市优化营商环境条例》《广州营商环境行动方案》以及《深圳市优化国际化营商环境工作方案（2023—2025年）》等政策文件，加强与港澳规则衔接和机制对接，通过保障市场主体平等地位和加强企业信用机制等措施，构建大湾区国际化、法制化、便利化的营商环境。

（2）开放的创新生态加快构建。截至2023年5月，大湾区已建成34家国家级、71家省级国际科技合作基地、20家粤港澳联合实验室，以及深圳前海、广州南沙、珠海横琴等国家级重大合作平台，促进了粤港澳技术落地、资金引进和人才流通。与此同时，香港也在打造本地的深港合作对接平台，提出了北部都会区建设计划，加快深港科技创新一体化，更好与内地科创体系联通，打造“国际创科新城”，推动全球技术和投资通过香港进入内地；内地科技公司也可以借助香港完善的金融、科技服务和丰富的国际融资经验完成上市。

（3）高端人才引育体系持续优化。大湾区通过教育交流合作，促进教育融合创新，打造高水平人才高地。人才自主培养方面，香港中文大学、香港科技大学等多所院校在大湾区内地城市开展合作办学，实现育才资源共享。澳门大学横琴校区通过设立联合实验室、产学研示范基地等，推动澳门与内地的人才培养合作和协同创新。强化人才引进方面，广州发布产业领军人才奖励制度，并启动“菁英计划”等留学项目；香港推出“高端人才通行证计划”；澳门则发布“高端人才计划及大健康产业优秀人才计划”，进一步吸引人才、留住人才，建设一流的人才发展环境。

（四）民生保障持续增强

1. 教育质量和规模全面提升

大湾区各城市积极推动教育资源均衡发展。一是学前教育普惠发展。大湾区推进公办园和普惠性民办园普及普惠发展，内地九市实施学前教育“5080”攻坚工程，2023年新增公办幼儿园学位超6万个，公办园在园幼儿占比达52.78%，公办园和普惠性民办园在园幼儿占比达86.46%。二是基础教育均衡发展。近年来，大湾区加强学校建设，扩大学位供给，推动粤港澳地区实现平等接受学前教育、义务教育和高中阶段教育。作为教育大省，截至2022年广东省已建成各级各类学校3.79万所，九年义务教育巩固率达到96.11%，义务教育阶段适龄残疾学生入学安置率达98%以上；香港实行12年义务教育，从小学起就能享受正式英文授课；澳门是我国唯一实现15年免费教育的地区，有69所学校属免费教育系统，覆盖率达95.5%。

2. 医疗服务衔接不断深化

大湾区具有良好的医疗卫生服务条件，医疗资源丰富。截至2022年底，广东省共有医疗卫生机构59531家，大湾区九市两区共有诊所16679家、门诊部5561家，港澳两地有私人诊所近4800家。大湾区门诊密度达到3880人/诊所，医疗服务资源密度是广东省的1.5倍（5691人/诊所）①。近年来，大湾区正大力推进互联网医院建设，截至2022年底，共有互联网医院225家，在综合医疗、专科服务、港澳—内地医疗对接服务

① 数据来源：广东省卫生统计年鉴、香港/澳门统计年鉴。

等领域不断开展业务创新。不仅如此，国家市场监督管理总局、国家药监局、国家发展改革委等部门印发了《粤港澳大湾区药品医疗器械监管创新发展工作方案》，将内地药品监管体系与港澳药品监管体系有效衔接起来，方便港澳居民在内地就医。2021 年，“港澳药械通”在大湾区开展试点，粤港澳三地在药品进口审批、境外采购、进口通关、储存配送、临床使用等多个环节实现流程简化、资源共享，目前试点已在广州、深圳、珠海、中山等城市 19 个医疗机构落地。在医疗保险领域，大湾区已有 17 家公司 23 款湾区专属重疾险及 5 家公司 6 款跨境医疗险上市，累计为 11.09 万人提供湾区专属医疗健康保险保障 992.54 亿元。大湾区医疗服务衔接不断深化，极大方便了港澳人才在内地就业生活，为粤港澳产业及创新要素自由流动提供了良好条件（见表 1 –7）。

表 1 –7　2022 年粤港澳大湾区互联网医院分布情况

区域	公立互联网医院		民营互联网医院		总计（个）
	数量（个）	占比（%）	数量（个）	占比（%）	
广州市	41	28.08	57	72.15	98
深圳市	40	27.40	1	1.27	41
珠海市	7	4.79	4	5.06	11
佛山市	20	13.70	3	3.80	23
惠州市	6	4.11	2	2.53	8
东莞市	11	7.53	12	15.19	23
中山市	14	9.59	0	0.00	14
江门市	5	3.42	0	0.00	5
肇庆市	2	1.37	0	0.00	2
香港特别行政区	0	0.00	0	0.00	0
澳门特别行政区	0	0.00	0	0.00	0

3. 公共服务均衡性显著增强

近年来，大湾区公共服务体系日益健全完善。一是建成更高质量的就业体系。广东省作为常住人口第一大省和经济第一大省，城镇就业人员位居全国前列，2010—2022 年大湾区内地九市城镇就业人员从 2984. 18 万人增长到 4264. 50 万人，城镇新增就业年均 106. 69 万人以上，城镇登记失业率控制在 3. 5% 以内，全部县区、乡镇和 92. 7 % 社区就业服务平台实现信息联网。二是建成多层次社会保障体系。2022 年内地九市参加基本医疗保险人数达到 2146. 67 万人；基本养老保险参保人数增长到 662 万人，基本实现“劳有乐业、才有优用、技有专长、病有良医、老有颐养”。三是建成一定规模的住房保障体系。内地九市持续加大棚户区住房改造、农村危房改造，建设保障性租赁住房、公租房，2023 年深圳共建设筹集保障性住房 18. 5 万套（间）（见表 1 –8）。

表 1 –8　　2022 年粤港澳大湾区内地九市就业及医疗保障情况

	城镇就业人数（万人）	医疗保险参保人数（万人）	养老保险参保人数（万人）
广州市	975. 42	482. 73	137. 33
深圳市	1190. 90	333. 62	1. 25
珠海市	125. 64	74. 37	13. 60
佛山市	563. 06	232. 58	72. 38
惠州市	249. 93	246. 10	115. 82
东莞市	631. 00	88. 25	5. 15
中山市	236. 61	121. 06	0. 97
江门市	185. 47	241. 27	150. 25
肇庆市	106. 46	326. 69	164. 86

数据来源：广东省《2022 统计年鉴》。

（五）生态环境不断改善

1. 生态屏障加固，生物多样性保护水平持续提升

大湾区持续强化山水林田湖草的整体保护、综合治理、系统修复，加强生物多样性保护和自然保护区建设。一是自然保护区建设初具成效。2018 年，内地九市全部建成国家森林城市，森林生态系统占比达 54%，形成森林城市群，其中珠江口的核心地带建成中华白海豚国家级自然保护区，保存约 2000 头中华白海豚群体，成为我国目前最大的中华白海豚栖息地。二是生物多样性保护水平持续提升。目前，大湾区拥有 77 种珍稀物种，建成 8 个国家级自然保护区和海岸公园，其中中华白海豚、香港瘰螈、黑脸琵鹭、绿海龟、豹猫、广东弹涂鱼、欧亚水獭、黄胸鹀（禾花雀）、中华穿山甲和中华鲎等成为大湾区特有的旗舰物种或指标物种。

2. 生态环境改善，协同推进环境治理成效显现

大湾区三地政府共同签署《共建国际一流美丽湾区合作框架协议》《内地与澳门特别行政区环境保护合作安排》，协同推进深圳河、深圳湾、鸭涌河等跨境跨界水体污染治理，联合开展海岸清洁行动，促进大湾区生态环境不断优化。此外，大湾区还实施多污染物协同减排，重点联防联控臭氧和细颗粒物（PM2.5）污染，实施空气质量达标管理。截至 2021 年，大湾区九市两区 PM2.5 年均浓度全部达到世界卫生组织第二阶段过渡标准。内地九市环境空气质量优良天数整体增长，其中深圳、珠海、肇庆、惠州 2021 年优良天数比例分别达到 96.2%、95.1%、93.7%、94.5%。在水质修复方面，大湾区重点整治珠江东西两岸污染，

建立入海污染物总量控制制度和海洋环境实时在线监控系统。截至2021年，内地九市地表水水质达到Ⅰ—Ⅲ类国控断面比例为89.2%，劣Ⅴ类断面比例比2017年下降18.8个百分点，实现全面消除，珠三角近岸海域海水水质年均优良面积比例达到78.7%。

3. 践行低碳理念，持续释放绿色新动能

近年来，大湾区持续推进绿色低碳发展。一是推动产业链低碳转型。大湾区加快制造业绿色改造升级，发挥区内各城市特长，形成以新一代产业技术、智能制造、创新金融为主的可持续发展模式，全方位构建绿色供应链、绿色低碳循环经济体系。2023年，广东省鼓励9000家工业企业开展设备更新和技改，新推动7000家以上企业"小升规"。二是推动节能减碳技术改造。大湾区大力引进氢能、光伏新能源产业，以绿色能源供应打造区域新经济增长点。截至2022年6月，大湾区58%的区县及地区单位GDP碳排放量优于全国平均水平，70%的区县及地区单位人口碳排放量优于全国平均水平，"碳达峰、碳中和"绿色改革取得显著成效。

三、粤港澳大湾区高质量发展面临的短板

（一）经济发展方面

1. 经济整体效能较之世界三大湾区仍有差距

从产业发展水平看，世界三大湾区中纽约湾拥有华尔街—世界金融第一中心，汇聚了摩根大通、花旗、高盛以及摩根士丹利等一大批金融

机构，金融业发展辐射全球，以不及深圳一市的人口总量，贡献了美国1/5的对外贸易周转额；东京湾钢铁、石化、高端装备制造业十分发达，汇聚了东芝、三菱、佳能、索尼等一批世界知名企业，贡献了日本近3/4的工业产值；旧金山湾被称为世界最重要的高科技研发中心，汇聚了特斯拉、谷歌、苹果、惠普等知名科技企业，坐拥34所公立大学，49所私立大学，成为全球科技创新重地。大湾区与世界三大湾区相比，产业集聚水平和全球影响力仍显不足。从经济发展整体效能看，2022年，大湾区人均GDP为22858美元，仅为东京湾区、旧金山湾区和纽约湾区的1/2、1/5和1/4，差距较明显（见表1-9）。

表1-9　2022年粤港澳大湾区及世界三大湾区经济发展情况比较

类目	粤港澳大湾区	旧金山湾区	纽约湾区	东京湾区
土地面积（平方公里）	56098	17887	17312	36898
人口（万）	8662	752	1926	4435
本地生产总值（亿美元）	19581.40	12171.9	19020.80	20940.40
本地生产总值实质增长（%）	7.70	10.90	5.80	-3.20
人均生产总值（美元）	22.8580	161946	96210	46824
第三产业占GDP比重（%）	64.0	70.8	78.6	81.4

数据来源：《香港贸发局经贸研究》。

2. 制造业外向依赖性较强，出口市场相对集中

当前，大湾区产业结构仍然以“出口产业”为主，且出口市场较集中。尽管近些年内地九市致力于全方位扩展进出口贸易市场，推进对外贸易市场国际化和全球化，仍未能改变出口方向大部分通往亚洲、欧洲、北美洲的局面。同时，外贸产品和服务的技术水平不高，影响了大湾区对外贸易的独立自主性，限制了产业结构调整的可持续进程。此外，区域内产业发展的统筹协调机制仍未建立，很多地区产业出口仍存在同质化竞争问题。例如，深圳、广州、东莞、惠州、江门、珠海等地均将电子信息列为支柱产业，尚未形成良好的区域分工体系。

3. 现代服务业占比和贡献率有待进一步提高

实践证明，现代服务业的集聚发展对地区产业整体竞争力的提升有较为显著的促进作用。目前，香港、广州、深圳、珠海、澳门等城市的现代服务业发展迅速，正在加速形成链接全球的服务业网络①。但从整体角度看，大湾区服务业对经济增长的贡献度明显低于世界三大湾区。2022 年大湾区服务业增加值占 GDP 的比重为 64%，而同时期纽约湾区的服务业产值比重达到 78.6%，东京湾区服务业产值比重达到 81.44%，旧金山湾区服务业产值比重达到 70.8%。分城市看，大湾区仍有部分城市服务业增加值集中于餐饮、零售、物流等传统领域，信息服务、专业服务等现代服务业的比例较低，与大湾区高新技术产业发展需求存在较大差距（见图 1-9）。

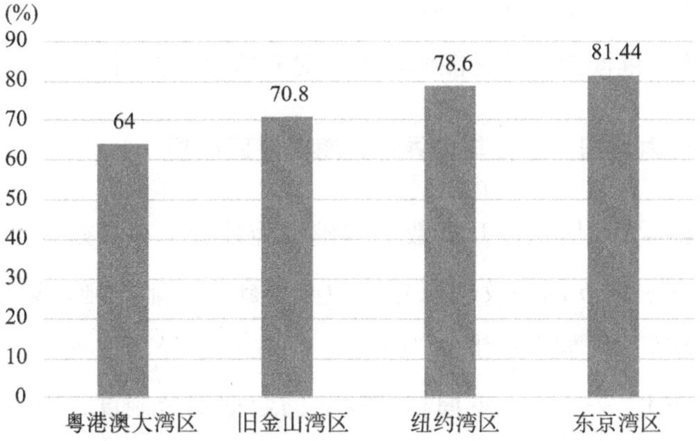

图 1-9　2022 年四大湾区第三产业占 GDP 的比重

① 樊德良，罗彦，刘菁．全球视角下的粤港澳大湾区创新发展研究［J］．南方建筑，2019（6）：7.

（二）区域协同方面

1. 基础设施和公共服务一体化水平有待提高

当前，粤港澳基础设施建设和公共服务在相当程度上还没有实现真正的一体化。从世界湾区发展规律看，基础设施一体化是国际主要湾区发展的共同特征，尤其是数字经济时代离不开以数据中心、5G 等为代表的新型基础设施支撑。例如，纽约湾就拥有全世界最大的免费 Wi－Fi 系统为其公民服务；旧金山湾区构筑了全域共享、联通、无障碍的公共服务项目和跨界公共服务区，为全域居民提供“旧金山湾路”“湾区空气质量管理区”等统一、公平的公共服务。大湾区在基础设施联通水平及使用率方面与世界三大湾区相比还存在差距。例如，港珠澳大桥受限于粤港澳三地行驶证、暂住证等制度壁垒，五年来通车辆仅 750 万辆次，通行数量低于预期；又如能源基础设施方面，港、澳油气管网尚未实现与广东地区贯通，港澳地区缺乏能源储备，对外依存度偏高。

2. 区域内数据流通性与世界三大湾区差距明显

近年来，大湾区积极开展数字基础设施建设，布局建成了大数据中心、5G 通信、IPv6 网络及国家超算中心等新型基础设施，集聚了腾讯、中兴、华为等一批数字经济龙头企业。但在数字经济发展环境方面，仍存在制度梗阻。一方面，港澳拥有独立的数据安全制度，国家网络安全法律框架将港澳网络环境视为境外，导致粤港澳三地跨境数据传输的要求和标准难以协同。另一方面，港澳地区在数字基础设施建设、数字公共服务平台建设等方面与内地存在建设标准和传输技术的差异，制约大湾区数字经济快速发展。

3. 创新要素高效便捷流动的良好局面尚未形成

大湾区内部各城市相比较而言，香港基础科研实力雄厚，国际科创资源集聚。《国际科学、技术和创新的数据和见解——全球20个城市的比较研究报告》资料显示，2016—2020年香港科研人员在论文产出量（以人均发表论文量衡量）以及高质量发表（以人均发表前1%高被引论文量衡量）方面均位居第一，香港高校学术领域权重引用影响力指数（FWCI）达到2.0，位于世界第四、亚洲第一。但香港科研成果的转化率偏低，根据世界知识产权组织发布的香港创新能力排名，2022年香港创新型高成长性企业数量远远少于北京、上海、深圳、广州等内地城市，排名位列“胡润全球前30名创业城市”榜单之外。尤其是香港科创成果在广州九市转化的数量十分有限，侧面说明大湾区创新生态一体化建设仍处于初级阶段，创新成果转化效率较低，粤港澳地区创新要素流动梗阻仍然存在（见表1-10）。

表1-10　　香港创新生态与创新能力全球排名

报告	亚太区域初创生态系统排名						
	第一名	第二名	第三名	第四名	第五名		
《2022年全球创新指数》	韩国（6）	新加坡（7）	中国内地（11）	日本（13）	中国香港（14）	…	
《2022年初创企业生态系统排名报告》	北京（6）	上海（7）	班加罗尔（8）	新德里（13）	东京（15）	…深圳（18）	中国香港（36）
《2022年全球金融科技生态系统报告》	新加坡（4）	中国香港（5）	北京（6）	上海（11）	班加罗尔（21）	…	
《2021年全球初创企业生态系统报告》	北京（4）	上海（8）	东京（9）	首尔（16）	新加坡（17）	…深圳（19）	中国香港（31）

备注：括号内为全球排名。

数据来源：世界知识产权组织（Startup Blink；Startup Genome）。

（三）对外开放方面

1. 全球化的人才发展环境仍需完善

与世界三大湾区相比，大湾区在国际化人才集聚能力上仍有较大差距。根据《2022年全球人才竞争力指数》（GTCI）报告显示，纽约湾区集聚了纽约、华盛顿、波士顿等国际化都市，其全球人才竞争力排名均位于30名之内，其中波士顿凭借卓越的高校集群，汇聚了海内外大量高端人才，在全球竞争力排名中位列第二；旧金山湾区集聚了全球顶尖的创新型企业，成为全球高端人才趋之若鹜的创新高地，在人才竞争力方面排名全球第一。而大湾区上榜城市中，仅香港位列第21位，深圳、广州、珠海等市排名均位于100名左右。在人才竞争力方面，大湾区与纽约湾、旧金山湾也有很大差距。深圳和广州的外籍人才占总人口的比例仅为0.2%和0.36%，国际大都市香港2016年外籍人士占总人口的比重也仅为8.6%，远低于世界创新城市纽约（36%）、新加坡（33%）、硅谷（50%）的水平（见表1－11）。

表1－11　四大湾区主要城市人才竞争力指数全球排名

四大湾区	重点城市	人才竞争力指数评分	全球排名
纽约湾	纽约	59.0	23
	波士顿	73.1	2
	华盛顿	62.4	13
旧金山湾	旧金山	76.2	1
东京湾	东京	49.0	64

续表

四大湾区	重点城市	人才竞争力指数评分	全球排名
粤港澳大湾区	香港	59.1	21
	深圳	40.6	99
	广州	37.3	113
	珠海	34.6	119

数据来源：《2022 年全球人才竞争力指数》（GTCI）报告。

2. 国际化营商环境待进一步优化

国际咨询公司科尔尼发布的《2023 年全球城市指数报告》显示，2023 年世界三大湾区代表城市的全球营商环境排名都非常靠前，备受全球最优秀企业和人才的青睐，拥有商业活力、创新潜力、居民幸福感和行政治理等方面的综合优势，吸引了大量境外资本集聚。其中纽约在信息交流、商业活动等方面排名位列榜首，东京排名第 4，旧金山排名第 17。而大湾区主要城市综合排名较为靠后，其中深圳市排名第 73 位，佛山排名第 146 位，东莞排名第 150 位，与世界三大湾区在营商环境和商业活动方面差距明显。尽管香港营商环境优势明显①，但与内地九市在市场一体化建设方面存在壁垒，产业资源要素流通渠道仍不顺畅。

（四）基本民生方面

1. 养老服务水平和综合保障能力仍需提升

数据显示，香港、澳门和广东三地 65 岁以上人口比重均超过 7%，

① 根据联合国贸易和发展会议（UNCTAD）《2022 年世界投资报告》，香港于 2021 年吸纳的直接外来投资达 1407 亿美元，全球排第 3 位，排名仅次于美国（3674 亿美元）及中国内地（1810 亿美元）。

面临不同程度的人口老龄化压力。分地区来看，香港的老龄化问题最为突出。截至2022年底，香港地区65岁以上人口占总人口的比重达23%。澳门也呈现相同趋势，预计到2031年65岁以上人口占总人口比重将攀升至19%。当前，大湾区整体养老服务水平跟不上老龄化速度。在基本养老服务方面，广东省“居家—社区—机构”三位一体的养老服务体系仍处于发展起步阶段，社区服务覆盖面不广，服务体系有待完善；养老机构服务质量参差不齐，服务标准有待建立；居家养老配套服务供给不足，智慧养老设施普及率不高，无法满足日益增长的养老服务需求。在养老保障对接方面，粤港澳三地养老保险及社会保障制度存在差异，区域养老保障对接机制尚未打通，导致粤港澳人才在就业流动方面仍然有“后顾之忧”。

2. 医疗资源共享和规则对接的壁垒亟待破除

近年来，大湾区积极推进医疗健康服务协同发展。2018年，粤港澳三地签署《粤港澳大湾区卫生与健康合作框架协议》，提出要在医学人才、园区合作、机构办医、医疗养老、产业发展、合作机制等方面开展深度合作。然而，由于粤港澳“两岸三地”医疗水平、医疗保障制度方面的差异，大湾区在优质医疗卫生资源共享、医疗规则衔接等方面存在壁垒。主要表现在：一是粤港澳三地医疗人才资质认定与评价机制难以衔接，尽管目前港澳医师可以参加内地职称定级考试，但是职级考试的模式、内容都与港澳体系不相适应，通过率极低。二是大湾区药品、器械进口限制十分严格。三是境外医疗机构市场准入存在隐形门槛，例如港澳医师在内地设立医疗机构，要求“至少设有5个临床科室、至少有5名医师”，这与港澳私人医疗机构小规模、专营化的经营模式差异明显，导致港澳优质医疗资源难以服务于大湾区整体发展。

（五）生态环境方面

1. 生态修复和治理目标不一致

一方面，大湾区各城市生态本底差异明显，经济社会发展水平不均衡，面临生态保护修复目标不一致的现实矛盾。例如，香港、澳门、广州、深圳等城市经济社会发展水平较高，希望通过提供优质的生态产品吸引人才资源向城市集聚，因此对生态环境服务增益具有更高的要求；而肇庆、江门等城市仍处于传统制造业转型、高端制造业增值发展阶段，在生态环境治理方面的投入力度相对有限，导致生态治理难以均等有效地在大湾区全域展开和一体化施策，影响大湾区生态保护修复效益的整体提升。另一方面，大湾区生态保护修复工作跨城市、跨区域统筹不足，自然生态环境连续性与行政单元离散性之间的矛盾难以有效解决，导致生态保护工作呈现碎片化特征，出现诸如中上游持续污染，下游生态环境反复恶化等问题。

2. 环境污染治理措施不够细化

目前，大湾区环境污染治理措施仍较为粗放。一方面，核心城市的土地开发强度已超过或接近开发强度警戒线30%，如深圳、东莞、珠海、广州分别为48%、47%、35%、25%，香港为24%。随着国家层面国土空间开发强度控制日趋严谨，未来大湾区开发建设面临极大的"省内平衡"压力，急需进一步细化对土地、水等资源要素的统筹管理，实现高质量存量发展。另一方面，大湾区大气污染治理能力仍需进一步提升。2018—2022年，四大湾区PM2.5值分别为25—30μg/m^3（大湾区）、<15μg/m^3（东京湾区）、<15μg/m^3（旧金山湾区）、<10μg/m^3（纽约

湾区），大湾区生态环境治理与世界三大湾区相比存在较大差距。内地九市入河废污水量占广东省50%以上，广州、深圳、佛山、东莞等核心城市污水网管收集率和处理率均不高，水污染物排放量大，最终汇入海洋，污染近岸海域，影响区域可持续发展（见图1－10）。

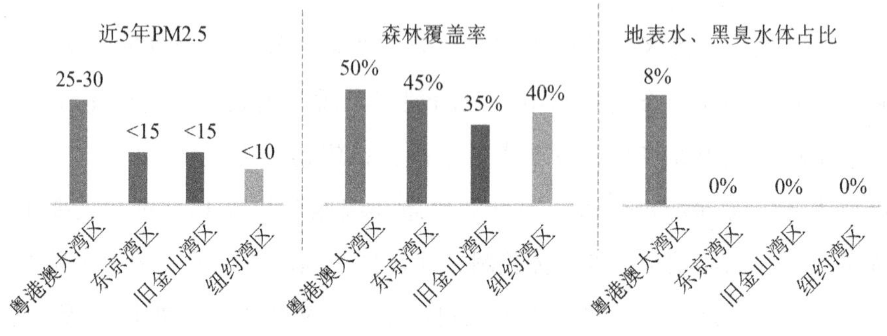

图1－10　四大湾区绿色人文指标比较

数据来源：中科院、Global Forest Watch，德勤研究。

四、科技创新是推动大湾区实现高质量发展的主引擎

当前以及未来一段时期，大湾区要想在百年大变局、产业大转型、数实大融合中把握科技创新机遇，找准形成新质生产力的发展方向，在日趋复杂的国际科技竞争中赢得战略主动，就必须依靠科技创新开辟发展新领域新赛道、塑造发展新动能新优势。

（一）增强产业链韧性、提升供应链自主可控能力需要科技创新支撑

大湾区具有完善的产业体系，但是产业链的完整性亟待加强，价值

链的层级亟待提高，产业上下游企业的关联度亟待强化，供应链的安全基础亟待夯实，一些关键核心技术还受制于人，一些高技术产业的供应链存在“断供”风险，多项“卡脖子”技术亟待突破（芯片技术领域）。同时，大湾区产学研的供给和需求结构存在错位，城市内部合作诉求不强，外部需求创新源泉问题突出。对此，大湾区应着力通过科技创新增强产业链供应链自主可控能力，推动关键环节自主研发，增强产业总体的韧性。在制造业优势产业领域“优链、强链”，在国际分工复杂的产业链供应链链接中形成自主可控的体系；在新兴产业“补链、固链”，抢占世界制造业的制高点，率先形成“以我为主”的产业链供应链；在未来产业“建链、拓链”，提前谋划并构建以创新能力为核心的产业链供应链。

（二）建立现代化社会治理体系、提升治理效能需要科技创新为支撑

粤港澳三地在政治经济社会制度和体制构架上具有特殊性，存在着两种社会制度、三个关税区、三种货币体系及三套法律体系，使大湾区高质量发展面临更多考验。因此，大湾区要充分利用数字技术兼容并包和高创新性、强渗透性、广覆盖性的特点，加快人工智能、5G 网络及大数据中心等新基建布局，重点推进 5G 网络规模化部署和数据中心等重大项目建设，推动大湾区传统基础设施和新基建的互联互通；通过数字化技术引领不断推进政府职能转变，建立与大湾区相匹配的现代化社会治理体系，打破三地之间体制障碍，促进三地机制联动，化解利益约束，实现资源要素的快捷流动和高效配置。

（三）实现大湾区内要素联通、打造开放湾区需要科技创新为支撑

纵观国际湾区的发展历程，一个完整意义上的湾区不仅要有发达的中心城市和广阔的市场腹地，还需要建设强大的湾区网络系统，包括市场网络、交通网络、信息网络、技术网络、人才网络等，才能有力支撑城市群、产业群所需的人流和物流的大进大出。近年来，大湾区着眼全球发展战略，以深化与港澳规则衔接、机制对接为抓手，对标高标准国际贸易和投资通行规则，稳步扩大制度规则、技术标准等制度型开放，加快构建开放型经济新体制，着力推进“湾区通”工程，为新时期推动制度型开放积累了经验。但与国际三大湾区相比，大湾区对外开放合作互动依然较少，需要以科技创新作为对外开放的聚焦点和主要抓手，坚持自主创新和开放创新相互促进，全面深化粤港澳科技合作，更好发挥港澳开放创新和广东产业创新优势，深化粤港澳在产业发展、技术攻关、创业孵化、科技金融、成果转化等领域协同创新，形成以科技创新推动对外开放合作的“新时代开放性湾区模式”。

（四）改善大湾区民生福祉、实现共享发展需要科技创新为支撑

多谋民生之利、多解民生之忧，实现“老有所养”“弱有所扶”是增进民生福祉的重要内容。习近平总书记提出，要坚持以人民为中心的发展思想，把增进人民福祉、促进人的全面发展作为发展的出发点和落脚点。大湾区在国家发展大局中具有重要战略地位，且人口结构复杂。未来，要进一步聚焦教育、医疗、养老、托幼、就业、文化、体育、助残

等重点领域，推动数字化服务普惠应用，增强普通群众对公共服务的体验度和获得感；推动企业深化研发设计、生产制造、经营管理、市场服务等环节的数字化，不断强化个性化、定制化服务，使大湾区居民获得感、幸福感、安全感更加充实、更有保障、更可持续，为全国其他区域推动共同富裕贡献“大湾区经验”。

（五）推进大湾区绿色发展、建成美丽湾区需要科技创新为支撑

《粤港澳大湾区发展规划纲要》提出，以建设美丽湾区为引领，着力提升生态环境质量，形成节约资源和保护环境的空间格局、产业结构、生产方式、生活方式，实现绿色低碳循环发展，为大湾区的绿色发展规划出了新的蓝图。当前，大湾区的碳生产率指标在全国处于领先水平，但也面临生态系统保护与修复效率较低、绿色发展合作不畅等问题。围绕“美丽湾区”的建设目标，大湾区应聚焦国家重大战略和科技前沿，厘清技术需求，明确创新方向，着力推动“能源降碳、清洁能源、新型电力系统、储能、节能与能源回收、碳捕获封存”等领域的前沿技术布局，开展组织化科研攻关行动，力争实现绿色低碳领域底层技术与关键器件的国有化、可替代化；瞄准大湾区能源结构与产业结构更新升级要求，加速推进绿色低碳技术研发成果的转化与创新应用，加快技术标准化、工程化、市场化；推动新一代信息技术与绿色低碳技术紧密结合，深化大数据、人工智能、工业互联网等技术嵌入，以绿色数字化技术确保湾区生态服务价值随着社会经济财富的增长而保值甚至增值，开创大湾区绿色可持续发展的新局面。

第二章　粤港澳大湾区创新驱动高质量发展的能力评价
——基于与国内外典型创新型区域的比较

科技创新作为推动国家进步和人类社会发展的重要力量，已逐渐成为影响国家和地区综合实力与核心竞争力的关键因素。2023 年，大湾区经济总量超过 13 万亿元，是我国开放程度最高、经济活力最强的区域之一，也是未来引领中国经济高质量发展的典型示范区。研究分析大湾区科技创新支撑高质量发展能力，具有着重要的现实意义与实践价值。

一、粤港澳大湾区科技创新投入产出情况及特征

科技创新是大湾区高质量发展的关键。随着国际科技创新中心建设加快推进，区域创新驱动力不断增强。本节主要从创新投入、创新主体和创新产出三方面出发，以国际三大湾区、国家级城市群等创新型区域为参照，对标分析大湾区科技创新基础、创新投入产出效率和创新活力等，在此基础上总结分析创新驱动大湾区高质量发展的进展成效、困难问题，以及研判面临的新挑战和新需求。

（一）创新投入和产出情况

1. 创新投入情况

（1）研发资金投入。以京津冀、长三角和大湾区的科创中心城市北京、上海、深圳为例，从研发资金来源看，北京市研发投入为政府主导，投入主体以高校和科研机构等非营利单位为主：2022 年北京市高校院所研发投入占全社会研发投入的 54.7%。但深圳市研发投入高度依赖民营创新企业，其研发投入占比高达 94%，排名全国首位，远高于北京（43.20%）、上海（63%）。全国工商联 2021 年民营企业研发投入、发明专利榜单和民营企业研发投入前 1000 家创新状况报告显示：大湾区入选企业 92 家，研发费用总额 2723 亿元，平均研发强度 4.77%；长三角入选企业 391 家，研发费用总额 2466 亿元，平均研发强度 2.19%；京津冀入选企业 79 家，研发费用总额 1246 亿元，平均研发强度 2.59%，在企业研发投入和研发强度上，大湾区均高于长三角、京津冀城市群（见图 2－1）。

从研发活动类型看，北京、上海、深圳三大中心城市的非基础研究经费占比均高于基础研究。其中，非基础研发经费中，试验发展经费最高。2021 年深圳研发经费支出主要流向应用研究和试验发展，比重为 92.7%。但从基础研究经费投入来看，北京基础研究投入最高，深圳基础研究投入最低，基础研发经费比重为 7.25%，低于北京（16.10%）、上海（10%）。分领域看，大湾区科学研究主要集中在材料科学、电气和电子工程、应用物理学、化学、环境科学等领域①，科研投入较大，科研人员数量较多，为大湾区产业技术创新提供了坚实基础（见图 2－2）。

① 王云，杨宇，刘毅．粤港澳大湾区科学研究与产业创新协调发展研究［J］．中国科学院院刊，2022，37（12）：1796－1806.

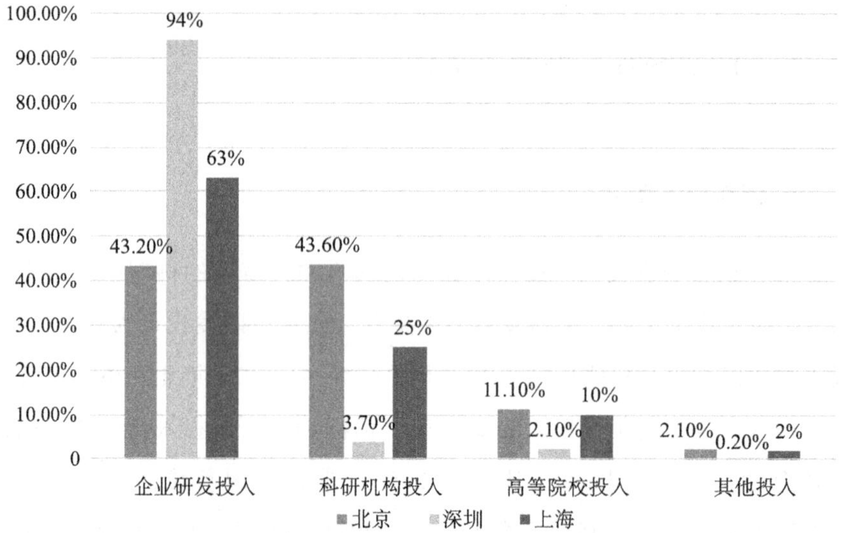

图 2－1　2021 年北京、深圳、上海研发经费来源

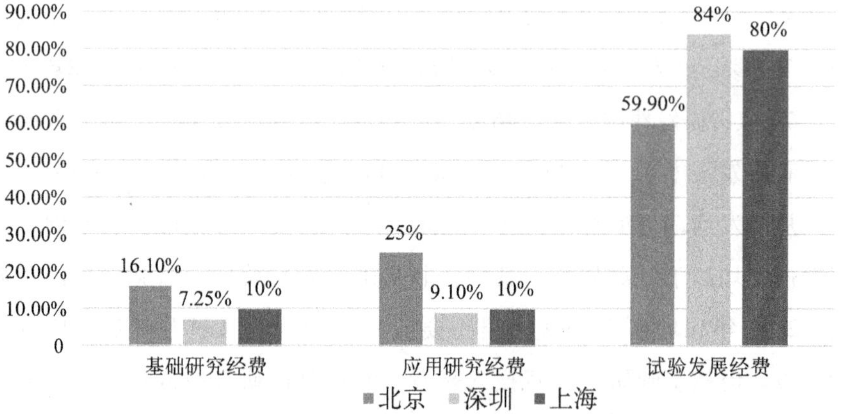

图 2－2　2021 年北京、深圳和上海研发活动经费支出

（2）平台载体建设。“十四五”以来，大湾区国家级科技企业孵化器及众创空间建设成效显著，科技服务能力在全国处于领先水平。根据原科学技术部火炬高技术产业开发中心官网公布的国家级科技企业孵化器名单和国家备案众创空间名单，湾区内地九市的国家级科技孵化器数量达到 155 家，高于京津冀城市群的 140 家和成渝城市群的 61 家；国家备案的众创空间数量为180家，高于成渝城市群的126家，但不及京津冀城市群众创空间的总量（见表2-1）。

表2-1　四大城市群国家级科技企业孵化器及国家备案众创空间情况

城市群	省/直辖市	地级市	国家级科技企业孵化器数量（个）	国家备案众创空间数量（个）
京津冀	北京	—	64	147
	天津	—	36	83
	河北	石家庄、保定、沧州、承德、邯郸、衡水、廊坊、秦皇岛、唐山、邢台、张家口	40	104
长三角	上海	—	61	69
	江苏	南京、无锡、常州、苏州、南通、盐城、扬州、镇江、泰州	168	175
	浙江	杭州、宁波、绍兴、湖州、嘉兴、金华、舟山、台州	92	127
	安徽	合肥、芜湖、马鞍山、铜陵、安庆、宣城、池州、滁州	39	39
粤港澳大湾区（不含港澳地区）	广东	广州、深圳、中山、惠州、珠海、佛山、东莞、江门、肇庆	155	180
成渝	重庆	—	22	54
	四川	成都、自贡、泸州、德阳、绵阳（除北川县、平武县）、遂宁、内江、乐山、南充、眉山、宜宾、广安、达州（除万源市）、雅安（除天全县、宝兴县）、资阳	39	72

数据来源：原科学技术部火炬高技术产业开发中心官网。

2. 创新主体发展

（1）高水平大学实现量与质双提升。根据《粤港澳、京津冀、长三角地区高等教育与经济发展报告（2022）》，2020年全国（含港澳地区）

高校总数为2738所。其中，粤港澳183所，占6.68%；长三角459所，占16.76%，规模最大；京津冀有273所，占9.97%。三个地区的高校数量占到全国（含港澳）的34%。粤港澳比长三角和京津冀分别少10.08%和3.29%[①]。从2010—2020年的变化趋势看，粤港澳、京津冀和长三角的高校数量增长率分别为18.06%、8.33%和6.99%，粤港澳高等教育规模发展速度快，有赶超其他两个地区的势头。

近年来，大湾区高水平大学建设步伐加快。根据《世界大学第三方指数研究报告（2023）》，全球1929所大学被纳入统计范围，其中有135所大学来自纽约湾区、大湾区、东京湾区和旧金山湾区。大湾区以综合得分55.06位列第二，共有25所大学入选，占入选总数的18.52%，低于纽约湾区（66所）、东京湾区（36所），高于旧金山湾区（8所）。大湾区入选的25所大学中，全球排名前100的学校共2所，分别是香港大学和香港中文大学；排名前200的学校共6所，排名前500的学校共12所，排名前1000的高校共20所，但尚无跻身前50的学校。进入ESI前1%的学科有132个，高于旧金山湾区（70个）、东京湾区（69个），但远低于纽约湾区（336个）（见图2-3）。

（2）新型研发机构培育加快。原科技部火炬中心发布的《2022年新型研发机构发展报告》显示，我国新型研发机构共计2412家，其中长三角城市群规模最大，拥有新型研发机构544家，占全国总量的22.55%。从省市分布来看，江苏省、湖北省、山东省、广东省和重庆市新型研发机构数量位列全国前五，广东省有192家，排名全国第四。近两年，广州推动建设了一批具有战略性、前瞻性的新型研发机构。截至2023年8月，全市共有各类新型研发机构近80家，居全省第一，其中14家纳入省级高

① 数据来源：《中国统计年鉴（2021）》，香港和澳门的高校数量根据网络整理。

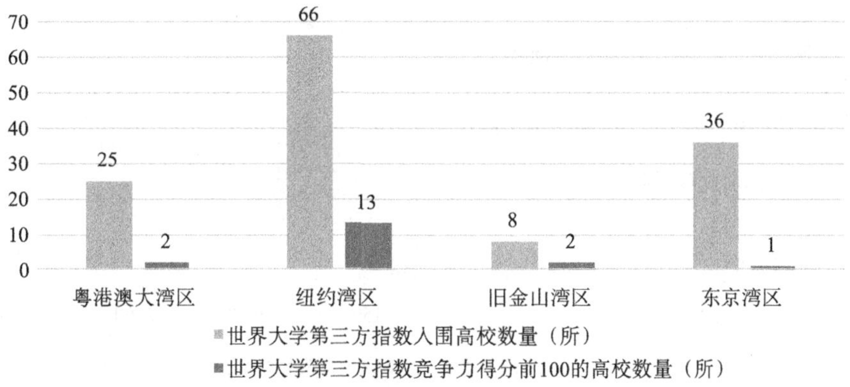

图2－3　四大湾区高校入选有关主要榜单数量

水平创新研究院建设序列，占全省的70%。截至2022年底，广州新型研发机构从业人员共计1万余人。

（3）初创型科技企业成为创新的重要力量。根据2022年中国（深圳）综合开发研究院发布的《共享创新指数研究报告》，大湾区拥有专精特新企业834家，低于京津冀（1134家）、长三角（2419家），高于成渝城市群（593家）。长城战略发布的《中国独角兽企业研究报告2023》显示，中国独角兽企业总数创新高，新晋独角兽近百家。其中，大湾区独角兽企业达到66家，占全国的18.5%，三年实现总数翻番，仅2022年就新晋企业23家，占全国的23.5%。在全球十大独角兽企业中，大湾区独占两席，分别是来自广州的快时尚电商希音和深圳的微众银行（位列全球第四和第六）。在12家估值超千亿元的超级独角兽企业中，除了上述两家企业，还有同样来自大湾区的OPPO、VIVO、大疆及广汽埃安4家企业。从企业分布行业领域看，大湾区硬件领域独角兽公司占比高达23%，细分领域涵盖无人机、电脑硬件、机器人硬件制造人等，人工智能领域独角兽公司占为16%①，一个初具规模的独角兽企业群正在崛起（见图2－4）。

①　数据来源：https：//new. qq. com/omn/20211118/20211118A080O500. html。

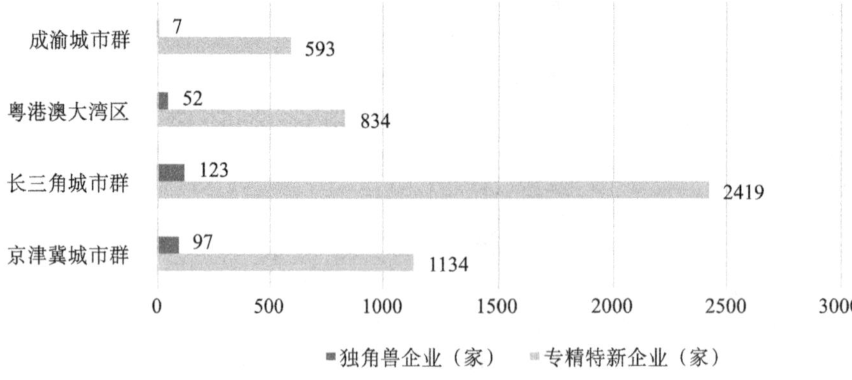

图 2-4　四大核心城市群创新企业数量

（4）对高学历青年人才吸引力不断增强。根据《2022 年粤港澳大湾区人才发展报告》，大湾区人才吸引力不断增强，2020—2022 年三年增长率均高于京津冀和长三角地区，2022 年人才同比增长达到 19.98%。此外，大湾区中心城市深圳和广州人才虹吸效应最为明显，人才合计占大湾区人才总量的 75.58%，企业招聘岗位占大湾区 78.87%（见图 2-5）。

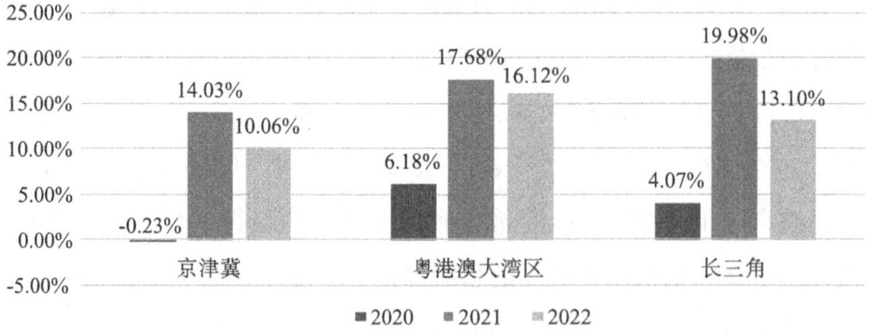

图 2-5　2020—2022 年不同核心城市群人才增长率

其中，从高层次人才年龄以及工作年限分布看，大湾区较之京津冀和长三角，对年轻硕博人才的吸引力更强，人才年龄主要集中在 25—35 岁。京津冀地区高层次人才以 35 岁以上为主，大湾区 3—8 年工龄人才高于其他两个城市群，10 年以上工作经验占比最少（见图 2-6）。

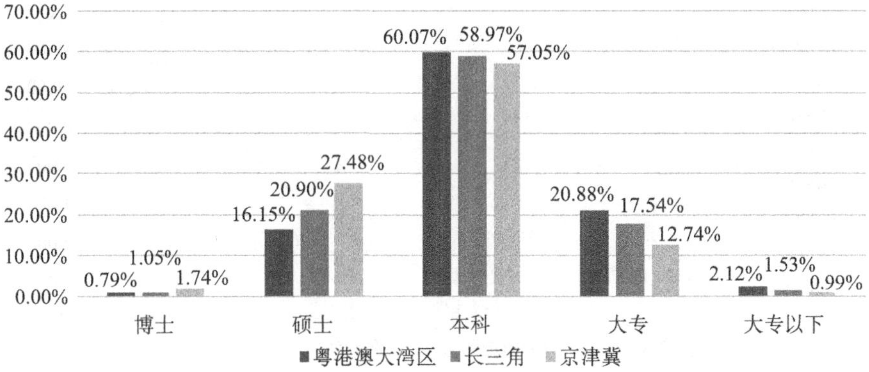

图 2-6 2022 年不同核心城市群人才学历分布

3. 创新产出情况

（1）PCT 专利总量保持全球领先优势。《粤港澳大湾区协同创新发展报告（2022）》数据显示，2017—2021 年大湾区发明专利公开总量 176.90 万件，年复合增长率达 14.46%，位列全球四大湾区首位，创新态势强劲。2021 年大湾区发明专利公开量增长 21.74%，达 44.96 万件，为东京湾区的 3.11 倍，旧金山湾区的 7.07 倍，纽约湾区的 9.66 倍。2017—2021 年大湾区 PCT 专利公开量 13.68 万件，与东京湾区相比差距逐年缩小，分别是纽约湾区和旧金山湾区的 3.19 倍和 3.81 倍。深圳大学和华南理工大学分别以 861 件和 562 件的 PCT 公开量排名世界高校第六和第十位。近五年大湾区 PCT 专利公开量复合增长率达 9.82%，发展前景可观。"深圳—香港—广州"科技集群在 PCT 专利及科学出版物方面的合作占比分别为 3% 和 63%，大湾区科技创新水平已经迈入全球"第一方阵"（见图 2-7）。

企业成为技术创新和专利申请主体。根据《大湾区创新发展专利指数报告（2023 年）》，2017—2022 年大湾区企业发明专利申请量占大湾区

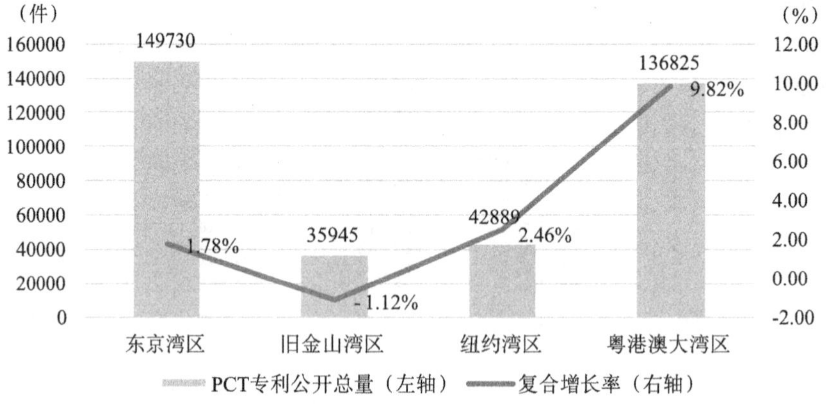

图 2－7　四大湾区 PCT 专利公开总量及复合增长率

专利申请量的 73.44%，企业发明专利授权量占大湾区发明专利授权量的 78.33%，企业《专利合作条约》（PCT）申请量占大湾区 PCT 申请量的 94.43%，企业成为大湾区技术创新和专利申请的主体。

战略性新兴产业专利授权量位居前列。从专利行业分布来看，企业创新专利紧贴企业发展需求，新一代信息技术、新能源汽车、新材料等多个产业具备技术优势，在产业有效专利数量、产业有效发明专利占比、产业维持十年且当前有效专利占比等指标上表现优秀。以信息技术产业为例，大湾区新一代信息技术产业专利授权量在全国对应产业专利授权量中占比约为 25%，大湾区企业专利指数前 100 家中有 70 家企业属于新一代信息技术产业。

深圳、广州专利产出领先国内其他城市。大湾区的新一代信息技术产业创新高度集中在深圳，数字创意产业创新集中在广州和香港。企业专利指数前 100 名中，有 50 家位于深圳，19 家位于广州。大湾区高校院所专利指数前 30 名中，有 15 家位于广州，8 家位于深圳。根据人才深圳发布数据，2022 年深圳市专利授权量 27.58 万件，居北上广深首位；PCT 国际专利申请量 1.59 万件，约占全国总量的 22.99%，连续 19 年全国第一；每万人口发明专利拥有量 137.9 件，约为全国平均水平的 5.8 倍。

（2）技术合同成交额领先全国。高校院科技成果加速落地转化。2022年，大湾区260家高校院所以转让、许可、作价投资三种方式转化科技成果合同金额为10.7亿元，技术开发、咨询、服务合同金额为110.3亿元，占整体合同总金额的91.2%。其中，广州市105家，占大湾区高校院所总数的40.1%；深圳市92家，占大湾区高校院所总数的35.4%。为促进科技成果转化，大湾区越来越多的高校院所成立了适合自身特点的技术转移机构，组建了专职的技术转移人才队伍，科技成果转移转化服务不断趋向专业化。截至2022年底，74家高校院所自建了技术转移机构，占大湾区高校院所总数28.5%。82家高校院所与市场化转移机构合作开展科技成果转化，占大湾区高校院所总数31.5%。177家高校院所具有专职从事科技转化工作人员，占大湾区高校院所总数68.1%（见表2-2）。

表2-2 2022年大湾区高院所科技成果转化合同成交额TOP10

序号	单位名称	金额（万元）
1	华南理工大学	130049.86
2	广东省科学院	87875.93
3	广东省水利水电科学研究院	59349
4	中山大学	58788.67
5	生态环境部华南环境科学研究所	57989.39
6	珠江水利委员会珠江水利科学研究院	51840
7	南方科技大学	40600.44
8	中国科学院深圳先进技术研究院	38453.79
9	广东省农业科学院	38130.64
10	哈尔滨工业大学（深圳）	33122.3

数据来源：《粤港澳大湾区科技成果转化年度报告2023》。

制造业领域成果转化最为活跃。根据《粤港澳大湾区科技成果转化年度报告2023》，大湾区科技成果流向聚集明显，超三成转化至制造业领域。按照国民经济行业分类，转化总合同金额排名前三的领域为“制造业”“科学研究和技术服务业”“卫生和社会工作”，分别为34364.3万元、20470.3万元、16383.2万元，占转让、许可、作价投资总合同金额的32.2%、19.2%和15.3%。

吸纳技术合同规模全国领先。2021年，大湾区输出技术合同47746项，成交额为4123.3亿元，同比增长25.8%，占全国技术合同成交总额的11.1%；吸纳技术合同67728项，成交额为5460.5亿元，同比增长24.1%，占全国技术合同成交总额的14.6%。大湾区吸纳合同项数、成交额占全国比重及其同比增速高于京津冀地区，低于长三角地区。总体来看，大湾区吸纳技术要明显优于输出技术，技术输出成交额与技术吸纳成交额之比为0.75，低于京津冀（1.73）、长三角（1.06），且吸纳区域外技术合同落地转化较多（见表2-3）。

表2-3　2021年不同核心城市群技术合同成交情况

城市群	输出合同			吸纳合同		
	合同项数（项）	成交额（亿元）	占全国比重（%）	合同项数（项）	成交额（亿元）	占全国比重（%）
京津冀	117350	9009.8	24.20%	97060	5192.7	13.90%
长三角	179131	8795.1	23.60%	181752	8251.7	22.10%
粤港澳大湾区	47746	4123.3	11.10%	67728	5460.5	14.60%

数据来源：2022年全国技术交易市场统计年报。

（二）科技创新特征与模式

聚焦加快国际科技创新中心建设，大湾区科技创新正以空前的规模和速度发展，在科技创新集群建设、PCT专利申请以及科技企业发展等方面取得亮眼的表现。通过与国内外典型创新区域创新投入产出情况的对比分析，研究认为大湾区科技创新特征和典型模式主要有以下几方面。

与国际三大湾区相比，大湾区科技创新潜力巨大，突出优势在于多元化发展，广东、香港和澳门三地在科技、金融、制造业三方面具有综合优势，完整的创新链和产业链为大湾区科技创新提供了一片沃土（见表2－4）。

表2－4　　粤港澳大湾区与国际三大湾区科技创新对比

比较分析	粤港澳大湾区	纽约湾区	旧金山湾区	东京湾区
发展定位	产业＋科技＋金融湾区，金融、航运、制造业、互联网等产业的全球创新发展高地	现代金融湾区，世界金融核心中枢	科技湾区，全球科技研发中心	综合工业湾区，日本核心临港工业带
代表产业	金融、航运、制造业、互联网	金融、航运、电子	电子、互联网、生物科技	装备制造、钢铁、化工、物流、金融
研发投入方向	试验发展、应用研究	基础研究、应用研究	基础研究、应用研究	应用研究、实验开发
科技金融	香港国际金融中心，香港联交所、深圳证券交易所、广州保利信托基金等金融机构集聚	纽约国际金融中心，纽约证券交易所、纳斯达克交易所、高盛、花旗银行	硅谷银行	东京国际金融中心，东京证券交易所
全球科技巨头	华为、中兴、腾讯	IBM、AIG	苹果、Alphabet、微软、英特尔、惠普、Facebook	三星、索尼、丰田、本田
世界一流研究型大学	香港大学、香港中文大学、香港科技大学等	哈佛大学、耶鲁大学、哥伦比亚大学等	斯坦福、加州大学伯克利分校等	东京大学、早稻田大学等
全球科技创新集群	深圳—香港—广州科技集群（2023年排名全球第二）	纽约州纽约市科技集群（2023年排名全球第十）	加利福尼亚州圣何塞－旧金山科技集群（2023年排名全球第六）	东京—横滨科技集群（2023排名全球第一）

数据来源：根据网络资料整理。

与京津冀和长三角相比，大湾区发展定位是充满世界活力的世界级城市群，市场化程度更高、营商环境更优异、对外开放程度更高，港澳地区的存在让大湾区的国际化优势非常明显，创新活力更高（见表2－5）。

表2－5　　粤港澳大湾区与国内主要城市群科技创新对比

比较分析	粤港澳大湾区	京津冀城市群	长三角城市群
区域发展定位	世界级城市群、具有全球有影响力的国际科技创新中心	以首都为核心的世界级城市群、区域整体协同发展改革指导区、全国创新驱动经济增长新引擎、生态修复环境改善示范区	亚太地区重要的国际门户、全球重要的现代服务业和先进制造业中心、具有较强国际竞争力的世界级城市群
主要研发投入来源	企业资金	政府资金	政府资金
研发投入重点	应用研究、试验发展	基础研究、应用研究	应用研究、试验发展
主要创新主体	企业	研发机构、高校	企业、研发机构
R&D人员分布	企业	高校	高校
专利密集型行业	新一代信息技术	生物	生物
产业创新活动	产品创新、工艺创新	工艺创新	产品创新、工艺创新
技术吸纳输出	吸纳	输出	吸纳
科技集群建设	深圳－香港－广州科技集群（2023年排名全球第二）	北京科技集群（2023年排名全球第四）	上海－苏州科技集群（2023年排名全球第五）
创新环境优势	市场优势、开放多元文化优势	制度优势、政策优势	产业多样性优势、国际化优势

数据来源：根据网络资料整理。

1. 区域创新呈现明显的集群化态势

《中国独角兽企业研究报告2023》显示，中国独角兽企业总数创新高，新晋独角兽近百家。其中，大湾区独角兽企业达到66家，占全国的18.5%，与整个印度的独角兽企业数量相当，广州成为独角兽数量增长最快的中国城市。2023年版全球创新指数（GII）“科技集群”排名显示，全球五大科技集群全部位于东亚，中国则是集群数量最多的国家，其中位于大湾区的深圳—香港—广州科技集群排名全球第二。

2. 协同创新形成较鲜明的梯度分工

大湾区协同创新呈现出和产业一样的层次分工。知识创新方面，广州包括小谷围街道和五山街道，香港包括深水埗、油尖旺及香港岛，集聚了湾区68%的高校和国家实验室，是大湾区知识创新高地。在深莞、南沙、珠澳等生态优良的边界地区，随着大科学装置、国家实验室、广东省产学研平台的投入建设，出现光明科学城—松山湖地区、南沙科学城—莲花湾地区、珠海横琴—澳门三个新兴的知识创新平台，助力大湾区补齐基础科研能力短板。产业创新方面，深圳和东莞集聚湾区62%的高新技术企业和72%的独角兽企业，是大湾区产业创新高地。在深港、深惠、广佛、中山、肇庆等地区，形成落马洲—河套地区、坪山高新区—惠州大亚湾新兴产业园、佛山三龙湾—广州南站地区、中山火炬高新区—翠亨新区、佛山狮山镇五个新兴产业创新高地。

3. 技术创新坚持以市场需求为导向

与国际三大湾区和其他国家级城市群相比，大湾区高等教育发展优势不显著，加上粤港澳三区制度存在差异，港澳高水平大学创新资源流动不畅通。大湾区科技创新主体是企业，尤其是民营企业，这一点和以国有机构为研发主体的京津冀城市群明显不同。因此，大湾区科技创新并没有遵循“基础研发—科技成果转化—科技成果产业化”的线性创新模式，而是采用市场化牵引科技创新的发展模式，走出了一条“以产业创新牵引科技创新，以科技创新推动产业创新”的大湾区特色化自主创新发展之路。最突出的特点是市场化的进程成为科技创新的原动力，发挥市场机制的关键作用，构建起技术方向企业决定、要素配置市场决定、科研成效用户评价、创新服务政府提供的活力创新体系。① 此外，大湾区的资源配置和政策设计也是围绕着企业这个市场主体进行，让企业成为创新的组织者和领导者，政府的制度创新旨在消除阻碍创新的体制机制因素，激发企业家的创新热情，技术实现的环节则交由企业通过产学研合作或自主研发解决，最终实现高效率的创新。

二、粤港澳大湾区科技创新面临的问题

尽管大湾区的科技创新已呈现出竞争力增强、研发投入强度大、创新主体支撑能力强等良好发展态势，但要建设成为国际科技创新中心和综合性国家科学中心，仍旧面临不少困难和挑战。例如，人才供需矛盾突出、高等院校发展不均衡、发明专利影响力较弱、技术成果转化率有待进一步提高等。

（一）创新投入

1. 创新人才供需矛盾突出，高端人才数量不足

（1）人才供需矛盾突出。当前，大湾区部分产业技术人才存在供需矛盾突出的问题。虽然基于电子技术半导体产业基础以及华为、中兴等

① 汪云兴，何渊源．深圳科技创新：经验、短板与路径选择．综合开发研究院官网“综研观察”．

头部企业的带动效应，大湾区电子技术半导体在产业基础以及人才聚集上有一定优势，但是人才占比排名前十的岗位以销售岗、职能管理岗为主，而大湾区产业转型升级亟须招聘的岗位中位列前三的分别是驱动开发、嵌入式软件开发和 Android，现有人才市场资源难以满足产业升级转型需求（见图 2－8）。

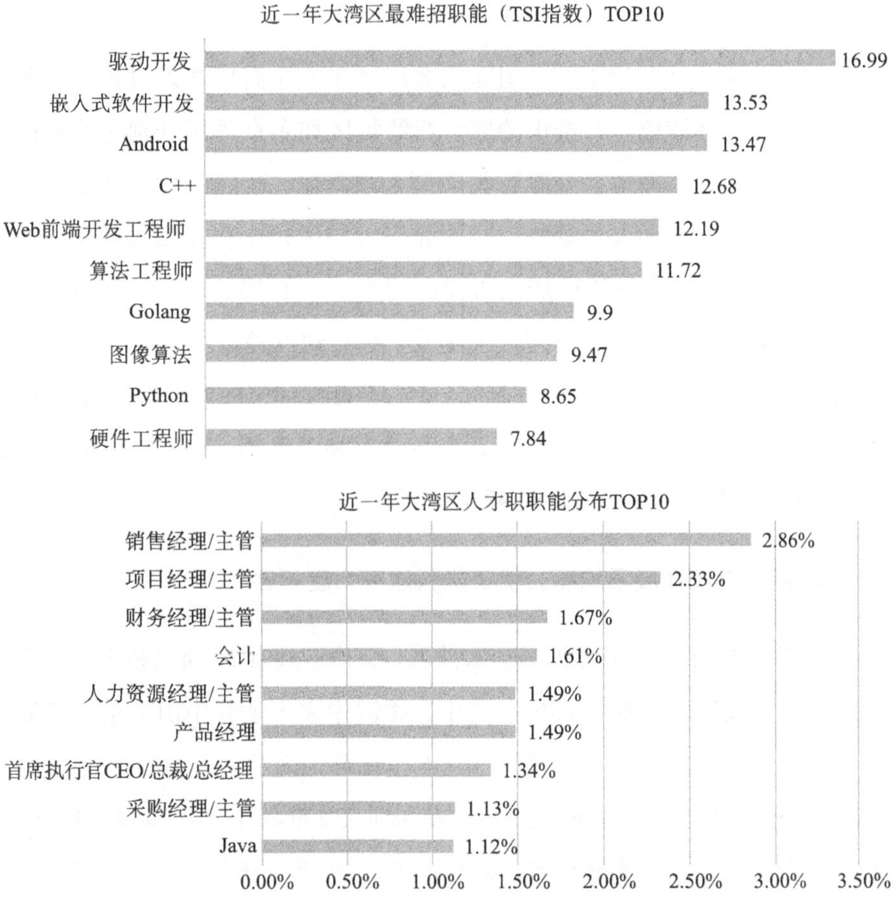

图 2－8　2022 年粤港澳大湾区人才供需情况

（2）人才来源相对单一。猎聘大数据显示，2022 年大湾区人才毕业院校排名前 10 位的高校均为广东本省院校，其中华南理工大学占比最高（2.20%）。排名前三位的专业分别是工商管理、会计学、计算机科学与技术。此外，大湾区海外人才主要毕业于欧洲院校，其中悉尼大学人才最多，占比 2.30%，但缺少来自香港大学、香港科技大学等世界排名靠前的高校；海外人才就读的三大专业分别为工商管理、金融学和会计学。

（3）高端人才集聚不够。国际三大湾区在人才高地建设过程中经验较为丰富且各具特色。旧金山湾区、纽约湾区和东京湾区分别定位移民与科技驱动型人才高地、金融与驱动型人才高地、政府引导与企业主导型人才高地。大湾区人才竞争力与国际三大湾区相比存在较大差距。旧金山湾区本科及更高学历的居民占比高达 46%，有超过百位的诺贝尔奖和菲尔兹奖得主曾在旧金山湾区求学或工作；纽约湾区本科及以上学历的劳动力占全体劳动力比重的 42%，聚集了美国 10% 的博士学位获得者、200 多名美国科学院院士以及 40 万名科学家和工程师；东京湾区拥有研究生 10 万余人，占全国总量的 42.65%①。

2. 高等院校发展不均衡，优势学科建设力度不够

根据 2020 年软科世界大学学术排名，大湾区共有 20 所高校上榜，占大湾区普通高等学校的 12.5%。其中，香港中文大学与中山大学排名靠前，均在 101—150 名区间；香港大学与华南理工大学排名在 151—200 名区间；香港城市大学、香港理工大学及深圳大学排名在 201—300 名区间。根据 2021 年 QS 世界大学排名，大湾区共有 10 所高校上榜，占大湾区普通高等学校的 6.25%。其中，排名前 50 的有香港大学、香港科技大学、

① 数据来源：日本文部科学省科学技术学术政策研究所 2019 年科学技术指标。

香港中文大学及香港城市大学；大湾区内陆高校中，排名靠前的是中山大学和华南理工大学。此外，从基本科学指标数据库（ESI）学科数量看，大湾区在总量上具有比较优势，但是从分布来看，广东仅有6个学科入选，港澳两地9所高校共有94个学科入选，广东和港澳在顶尖学科建设方面差距较大（见表2-6）。

表2-6　　粤港澳大湾区普通高等学校世界排名情况

学校名称	2020年软科世界大学学术排名	2021年QS世界大学排名
香港大学	151—200	22
香港科技大学	301—400	27
香港中文大学	101—150	43
香港城市大学	201—300	48
香港理工大学	201—300	75
中山大学	101—150	263
澳门大学	601—700	387
华南理工大学	151—200	462
深圳大学	201—300	601—650
暨南大学	401—500	601—650

数据来源：2020年软科世界大学学术排名、2021年QS世界大学排名。

截至2021年底，全国共有288所普通高等学校的1977个专业通过了工程教育认证，通过的认证专业都是机械和仪器等工科类专业，广东省只有9所高校的44个专业通过工程教育认证，占认证专业总数的2.23%，比2020年新增了2所高校的7个专业，通过认证的学校和专业数量远远低于长三角地区。

3. 国家级重大科技创新平台建设相对滞后

2022年12月，中国（深圳）综合开发研究院发布的《共享创新指数研究报告：共享创新，高水平科技自立自强的新路径探索》显示：大湾区拥有国家实验室共2个，低于京津冀（9个）、长三角（5个）。广东省科技厅官网数据显示，截至2021年底，广州拥有国家重点实验室21个、深圳6个、珠海1个、东莞1个、肇庆1个（惠州、佛山、中山、江门没有国家重点实验室）；同期，香港创新科技署和澳门科学技术发展基金官网数据显示：香港拥有国家重点实验室16个，澳门4个。因此，2021年大湾区拥有的国家重点实验室数量（50个）较2020年京津冀和长三角国家重点实验室数量（分别为162个和110个①）仍有较大差距。

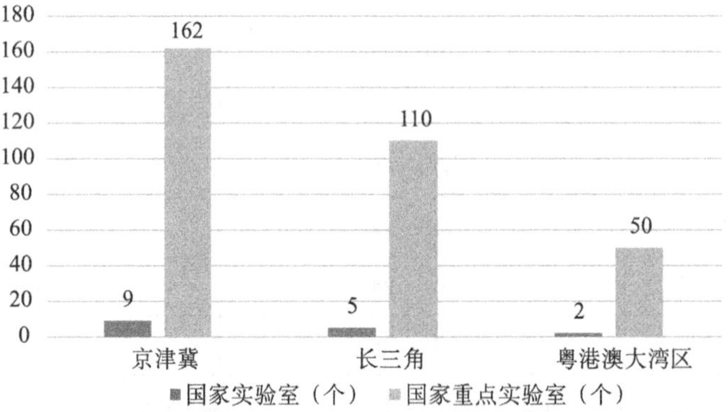

图2－9　三大国家级城市群国家实验室、国家重点实验室数量分布

对比国外三大湾区，大湾区每万亿美元国内生产总值（GDP）对应的重大科技基础设施拥有量为5个，仅相当于纽约湾区50%、旧金山湾区6.5%、东京湾区30%，且缺乏纽约湾区（拥有布鲁克海文国家实验室、普林斯顿等离子体物理实验室等）和旧金山湾区（拥有劳伦斯伯克

① 数据来源：前瞻产业研究院《2021年中国国家重点实验室市场现状与发展趋势分析 未来加快筹建国家重点实验室》。

利国家实验室、劳伦斯利弗莫尔国家实验室、桑迪亚国家实验室等）强有力的国家实验室作为支撑①。

表 2－7　　世界主要湾区著名研究机构

研究机构	所属湾区	主要成就
劳伦斯伯克利国家实验室	旧金山	获得 13 个诺贝尔奖
劳伦斯利弗莫尔国家实验室	旧金山	发现 6 种化学元素
斯坦福直线加速器中心	旧金山	发现 J 粒子、夸克等；获得 4 个诺贝尔奖
布鲁克海文国家实验室	纽约	获得 7 个诺贝尔奖
贝尔实验室	纽约	获得 8 个诺贝尔奖
日本理化学研究所	东京	获得 4 个诺贝尔奖

数据来源：根据网络资料整理。

4. 新兴产业领域暂未形成高水平创新企业集群

2021 年《财富》世界 500 强上榜企业中，有 40 家来自东京湾区，12 家来自旧金山湾区，22 家来自纽约湾区，25 家来自粤港澳大湾区，这 99 家上榜企业营业收入占世界 500 强公司的 20%，利润占比达到 35%。大湾区 25 家上榜企业平均利润为 47.41 亿美元，在四大湾区中利润水平处于中位，与纽约湾区的差距从 2020 年的 19.97 亿美元缩至 4.38 亿美元。尽管如此，大湾区高水平创新资源集聚能力与国际三大湾区相比仍有较大差距，在具有比较优势的新兴产业领域，粤港澳拥有的世界 500 强企业数量及占比均低于其他三个国际湾区。先进制造业作为东京湾区的优势新兴产业，汇集了 10 家世界 500 强企业，是大湾区的 3.3 倍。新一代信息技术作为旧金山湾区的优势新兴产业，汇集的世界 500 强企业数占比高达 72.7%，比大湾区高 57.7 个百分点②（见图 2－10）。

---

① 王云，杨宇，刘毅．粤港澳大湾区科学研究与产业创新协调发展研究［J］．中国科学院院刊，2022，37（12）：1796－1806.

② 王迎军，曾志敏，张龙鹏等．中长期视角下粤港澳大湾区的全球创新与产业高地战略规划研究［J］．中国工程科学，2021，23（06）：108－119.

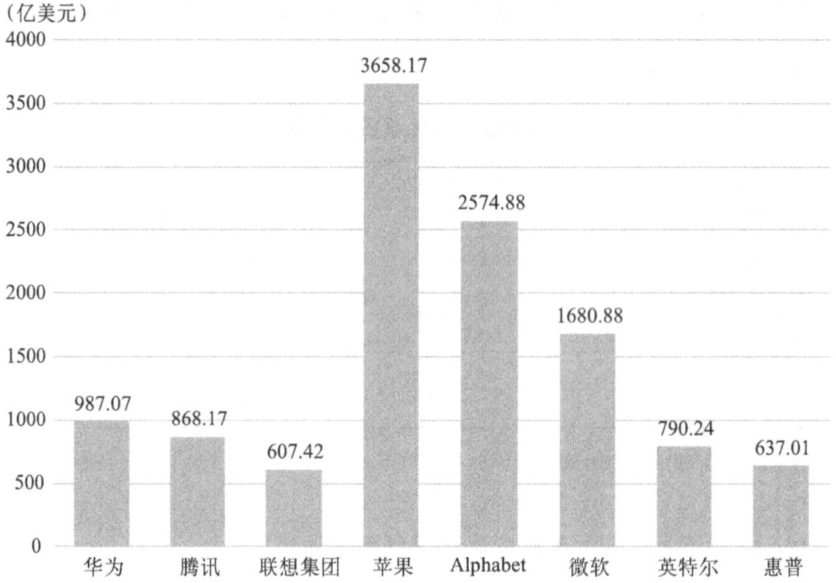

图 2-10 粤港澳大湾区、旧金山大湾区世界 500 强部分上榜企业 2021 年营业收入

数据来源：2021 年《财富》世界 500 强排行榜。

（二）创新产出

1. 发明专利影响力较弱

发明专利施引量在国际上用来考察一个国家或者地区的科技创新能力和竞争力。2017—2021 年发明专利领域影响力均值显示，排名第一的是旧金山湾区（7.02），其次是纽约湾区（5.01），大湾区排名第三（3.34），指标与东京湾区接近，但与旧金山湾区、纽约湾区差距较大（见图 2-11）。

2. 技术成果转化效率偏低

技术转移和成果转化整体规模较低。技术合同成交额是衡量成果转

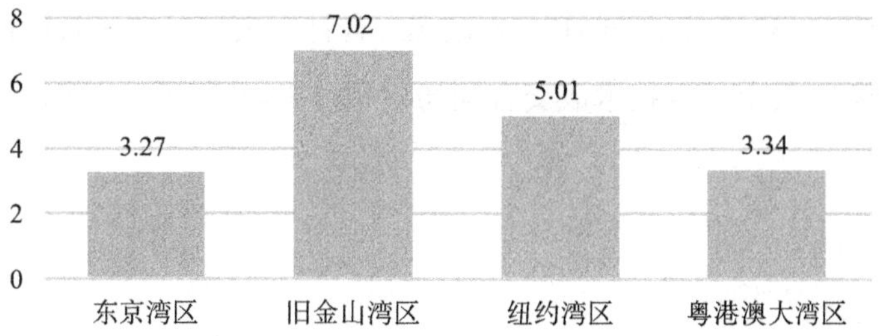

图 2-11 2017—2021 年四大湾区发明专利领域影响力均值

化的重要指标。从全国范围看，与京津冀和长三角相比，大湾区技术合同成交规模的比较优势不显著。根据 2022 年《全国技术市场统计年度报告》，2021 年大湾区技术合同成交总额为 9583.8 亿元，同比增长 24.8%，占全国比重为 25.70%；成交合同项数为 115475 项，同比增长 25.9%，占全国比重为 17.2%，均低于京津冀和长三角。从技术合同成交额对经济贡献率来看，大湾区技术合同成交额占 GDP 的比重为 9.47%，低于京津冀（14.79%），高于长三角（6.18%）（见图 2-12）。

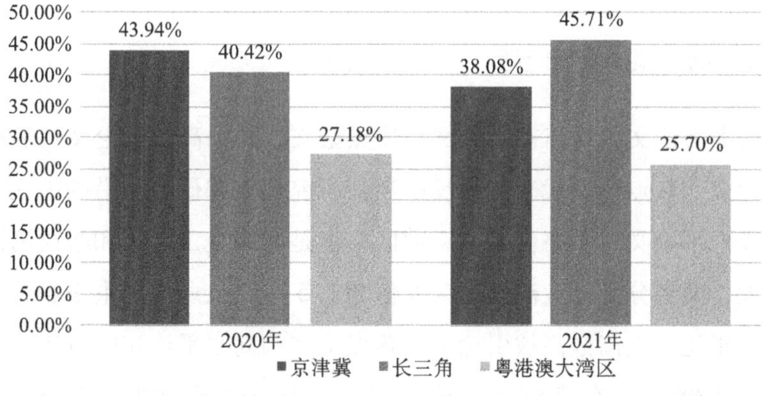

图 2-12 2020—2021 年京津冀、长三角、粤港澳技术合同成交额占全国比重

各城市间技术转移和成果转化差距较大。大湾区技术交易虽然整体稳定增长，但区域内部不同地区之间技术转移和成果转化的规模差距悬殊。其中，广州、深圳吸纳与输出技术合同相比其他地区具有绝对优势，成交额分别为3785亿元和4121.8亿元，合计占大湾区技术合同成交总额的82.49%，其余地区技术成交合同均不超过1000亿元（见图2－13）。

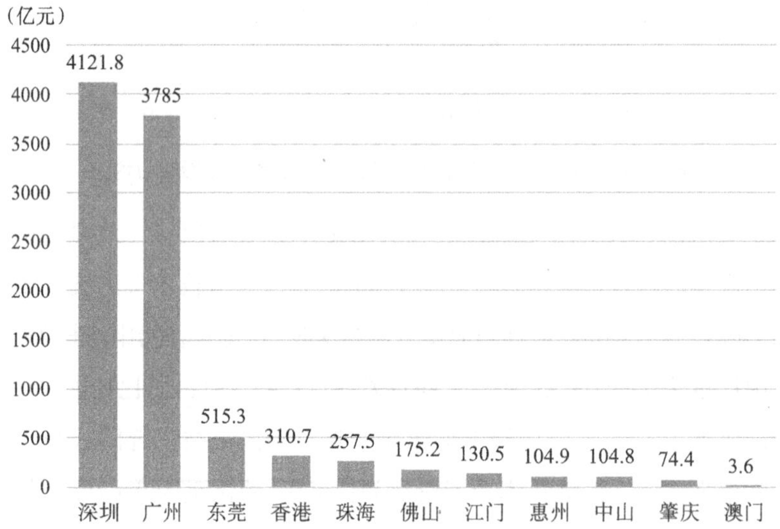

图2－13　2021年粤港澳大湾区城市技术合同成交情况

3. 高水平论文产出不多

高水平论文包括高被引论文和热点论文，其中高被引论文代表高质量的论文，热点论文代表能够反映当前研究热点和研究前沿的论文，大湾区高水平论文总量略低于东京湾区，但是与旧金山湾区和纽约湾区差距较大，两者分别是大湾区的2.6倍和7.5倍。从所占比重来看，与三大湾区相比，大湾区高被引论文、热点论文和高水平论文的占比均排名第三，均略高于东京湾区。从每百万人均SCI论文发表数量来看，2015—2019年，旧金山湾区为15217篇，大湾区仅有2818篇。从国内来看，大湾区（广州、深圳、香港）科学论文约为9.2万篇，相当于长三角的43%、京津冀的38%左右，科学发现能力存在一定差距（见图2－14）。

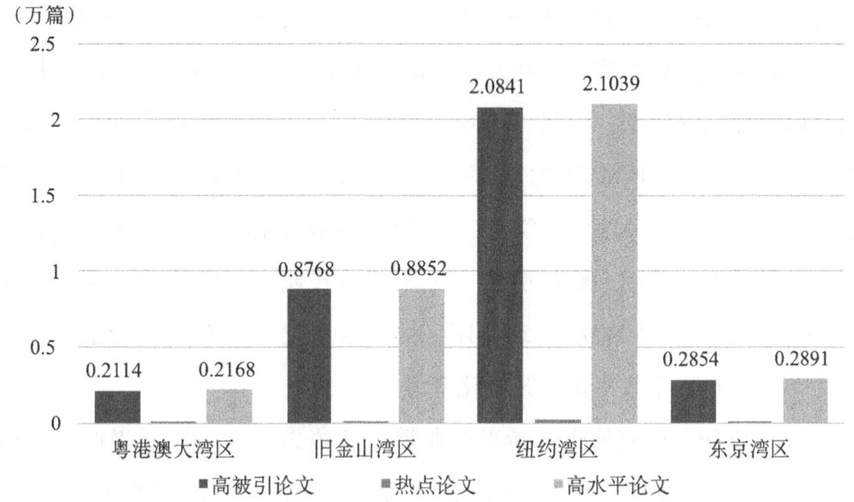

图 2－14 2008—2017 年四大湾区高水平论文数量

三、科技创新支撑粤港澳大湾区高质量发展现状

大湾区科技创新支撑高质量发展取得显著成效，主要体现在科技创新引领和支撑了产业转型、社会治理、民生保障、资源配置以及绿色低碳发展，但同时也面临基础研究能力弱、协同创新水平不高、技术成果转化效率较低等问题。

（一）进展成效

1. 科技创新推动传统产业结构优化升级

（1）数字技术提升传统产业园区智能化水平。“十四五”以来，大湾区积极将新兴信息技术运用于传统产业，推动湾区产业走进“数智化”

时代。在大湾区产业转型发展过程中，多地在传统工业园区中引入5G、工业互联网、大数据等新兴技术，打造了多个“大数据智慧园区”，提升园区内资源配置效率，促进产业园区集约化、智能化发展。例如，江门鹤山工业城联手中国移动建成广东省首个“5G+智慧园区”，能满足关键数据承载、L3自动驾驶、AGV工业控制等行业要求；园区还引入5G、工业互联网技术，采用大数据分析，集成照明控制、治安防范、交通监控和排污监测四项园区智能管理应用，推动数字技术在产业各场景中多点发力，实现制造业数字化、智能化升级。

（2）创新企业有效提升新兴产业整体竞争力。大湾区新兴产业领域的企业数占全国比重为15.3%，这是大湾区创新驱动发展的关键力量。《粤港澳大湾区协同创新发展报告》显示，通信和其他电子设备制造业，信息传输、软件和信息技术服务业以及科学研究和技术服务业合称为“新兴技术产业”。大湾区500家优势创新机构中有226家属于新兴技术产业。在新兴技术企业中，独角兽公司是领跑新兴产业变革的重要力量，在实现自身发展的同时，往往能带动当地产业链的发展和完善。以广汽埃安为例，该企业依靠数字技术和工业物联网平台构筑起就近配套的稳定供应链体系，形成126家一级供应商及几百家上游供应链企业或项目省内配套，直接带动年产值贡献达200亿元，为大湾区打造世界级的“汽车硅谷”提供了强有力的支撑。

2. 科技创新推动社会治理数字化转型

新型基础设施建设和数字技术广泛应用，丰富了信息和数据的获取来源与方式，有助于相关部门及时感知社会环境态势，作出精准回应。例如，澳门水务先后成立各类智能平台与智能系统，智能供水管理平台“Aquadvanced”、实时水力模型系统、地理信息系统、智能水表先导计划等陆续落地，进一步加强了供水管网设施管理，完善了管网工程规划，提升了客户体验，降低了能耗和管网漏损。又如，以数字孪生为基础搭建的广州塔景区智能化管理平台将景区细化成上千项指标和数据，使管理者能够多维度、全方位掌握景区情况。自2021年9月30日上线以来，平台共上报事件1186起，其中智能算法识别事件1047起，在总上报事件中的占比接近90%，数字化全面赋能了景区的治理，实现由传统经验驱动向数字化驱动转变。

3. 科技创新提高民生服务和保障水平

（1）“互联网+”赋能政务服务创新，提升市民满意度。随着“最多跑一次”改革的开展和“互联网+”政务服务创新的深化，大湾区探索普惠便民新形式，越来越多的政务项目成为“云服务”，同时智慧设备也逐渐普及。在公共云端服务、大数据分析平台等政府云端基础设施平台的基础上，香港积极推动政府数据公开，截至2021年11月底，香港特区政府共开放150多个数据集。广东打造“湾事通”综合服务小程序，围绕粤港澳三地居民出行、通关、通讯、支付、求职、养老、医疗、教育、旅行等场景，为大湾区居民与外籍人士提供70余项便捷综合服务，以数字化实现“一码畅行湾区”。“粤省事”实名注册用户达到1.15亿人，“粤商事”注册企业超过1000万家，“粤省心”政务服务便民特点平台在上线不到半年的时间里，共处理群众诉求5118万件，日均处理量14万件，相当于广东省每万人日均产生11件诉求，总体服务满意率达98.4%。

（2）数字惠民应用场景持续拓展，有效增进民生福祉。大湾区通过拓展数字化公共服务，智能化解决社会公共问题，深度开发社会治理数字化场景，促进数字教育、数字医疗、数字住房等多领域发展，最终实现以数字服务提升市民获得感，增进民生福利。数字教育方面，澳门大学、澳门理工学院、澳门科技大学、澳门城市大学与珠海市政务服务数据管理局在线围绕珠澳数据融通进行交流，不仅增进了澳门高校对内地数据治理的了解，也增进了业界对内地数据治理发展的认识。华南农业大学致力于打造“四库三中心”的一体化数据中心，推动校园数字化治理变革。2021 年腾讯提出全力推动大湾区高校数字化转型，构建了“七个一”转型蓝图。数字医疗方面，腾讯云团队为广州孕妇打造了“穗好孕”平台一上线就出现登记井喷的情况，截至 2021 年 6 月底，平台已建成 146 家医院、230 个社区卫生组织、500 多名医院管理员、6.2 万孕妇纳入管理，有效保障了广州全市母婴的安全。数字住房方面，位于广州的实地集团已连续在广州、深圳、佛山、中山、惠州等湾区城市落地智慧社区、智能住宅，为科技湾区打造了与之匹配的智慧型居住空间。

4. 科技创新支撑绿色低碳循环发展

（1）积极采用节能技术，探索推进绿色低碳园区建设。大湾区积极开展绿色低碳技术创新及推广应用，创新绿色低碳生产方式，推动工业领域节能减排。依托广东省绿色能源技术重点实验室，肇庆高新区打造出全国首个园区级“智慧能源管理与碳排放管理平台”，形成“企业—区—市—省”四级能源管理体系，不仅为实现源网荷储一体化调控打下坚实基础，也为“云碳贷”等区内绿色金融创新提供独立数据支撑。该平台自运行以来，已接入 200 多家企业，占全区规上企业比例超过 80%。基于该平台大数据，肇庆高新区分析出区内 120 多家企业存在显著的节能优化空间，年潜在节电量约 6600 万度，年潜在降低碳排放约 3 万吨；存在降费空间企业 119 家，总降费收益约 2800 万元/年。区内山鹰纸业、理士电源等用能大户根据分析结果实施节能改造，安装光伏发电项目，均取得了良好的节能降碳成效。

（2）推广智能回收技术，高效推进绿色城市建设。大湾区以绿色低碳为引领，积极探索绿色低碳城市建设运营模式。在深圳，创新技术成为助力回收的重要手段。以智能垃圾分类为例，通过人工智能技术的应用，可以将垃圾自动分类，降低回收过程中的人为错误，提高资源利用效率。传感器和图像识别技术的结合，使得垃圾分类系统能够准确地辨别出垃圾属性，实现自动分类和回收。这种创新技术不仅提升了回收的效率，还减少了人力成本，对于构建绿色城市起到了积极的促进作用。在回收领域，深圳还积极探索数字化技术的应用。借助物联网和云计算技术，深圳建立了大规模的物资回收平台，实现了信息的共享和流通。居民可以通过手机 APP 或者智能终端提交回收需求，回收车辆可以根据需求自动调度，提高回收效率。通过数字化技术，不仅提高了回收的便捷性，还促进了废弃物资源的高效利用。

（二）面临需求

1. 强化基础研究能力，建设产业技术创新引领区

基础研究是科技创新链条的源头，前三次科技革命均是建立在力学、热学、电学、信息技术研究出现重大突破的基础上。然而通过对大湾区科技创新基础的分析发现，大湾区创新链长期倚重应用研究，基础研究能力薄弱，原始创新成果不足，在绝大多数研究领域仍处于跟随者的角色，不利于传统产业借助新技术维持增长趋势和增强市场竞争力，也不利于抢占国际技术前沿赛道培育新产业和新动能。2021 年广东研发经费投入强度为 3.14%，超过发达国家均值的 2.2%，但其中基础研究仅占 5.9%，低于全国的 6%，更低于发达国家的 20%。从最能代表基础研究的高水平论文发表数量看，大湾区高水平论文数略低于东京湾区，而旧金山湾区和纽约湾区分别是大湾区的 2.6 倍和 7.5 倍。此外，核心技术和关键部件严重依赖外部供给。据统计，大湾区 90% 以上的高端芯片和高

端装备制造业关键零部件依赖进口，碳纤维、晶圆、碳化硅等高端新材料全部依赖进口。汽车机械、电子信息、精细化工、高端医疗设备等重点产业企业面临的“卡脖子”风险上升。因此，大湾区需要加强基础研究，依托国家战略科技力量进行创新引领科技攻关，把创新资源优化配置到国家研究实验体系，重视基础研究，合理定位和布局国家战略科技力量。立足于大湾区国际化优势，发挥广深港澳四个中心城市科技和产业基础，重视战略性基础研究，用好鹏城实验室和广州实验室，积极探索国家战略科技力量区域组织模式与运行机制，立足地方创新资源禀赋推动“国家战略科技力量＋企业技术创新能力＋世界级先进制造集群”融合发展，解决在产业竞争中具有决定性作用的高性能技术产品、高精度技术设备等难题，如高端芯片、超高精度数控机床等核心技术瓶颈，提升产业和区域核心竞争力。

2. 加强跨区域统筹，推动高水平协同创新

当前，粤港澳三地之间存在创新要素分散、协同创新力度不强、内部发展差距大且不平衡、经济结构雷同且存在同质竞争等问题。推动大湾区高质量发展，需要加强跨区域统筹协调，加快建立大湾区创新共同体，因地制宜合理规划国家战略科技力量、区域创新高地空间布局，重点推进“广州—深圳—香港—澳门”科技创新走廊建设，构建科技创新分工合理、层级完整、优势互补的大湾区创新体系。统筹兼顾不同类型、不同层次的国家战略科技力量，明确梯度发展战略，改善重复布局，稳步扩大战略科技力量建设布局。合理调动当前地方参与建设国家战略科技力量的积极性，明确各地科研院所、高校、企业的功能定位，盘活本地既有战略力量资源，协同共建国家战略科技力量。积极支持国家战略科技力量地区间资源开放共享，深化横向联合，建立全方位、多层次、多渠道的交流与合作。增强信息共享与创新合作的枢纽功能，打通辐射传导通道，培育梯度辐射能力，服务不同区域的产业数字化、智能化升级，形成创新网络各主体创新分工的强大合力，推动区域整体共赢发展。

3. 推动产业链创新链深度融合，打造成果转化新高地

科技成果转化是实现创新驱动发展的关键环节，只有加强创新链和产业链的全方位对接，才能真正发挥科技对产业和经济发展的引领支撑作用。但目前，粤港澳不同区域之间的创新链、产业链、资金链、人才链融合深度不足，难以真正实现优势互补和产业协同，主要体现在高质量的科技成果供给不足，源自港澳的创新创业外溢效应尚未形成、制约粤港澳联合创新的瓶颈有待进一步破除以及专业化技术转移机构和人才依然缺乏等。因此，要突出科技创新对大湾区高质量发展的引领作用，就要探索联动大院大所组建创新联合体，进一步强化粤港澳成果转化协同机制，探索以“揭榜挂帅”模式推动产业链创新链深度融合，构建科技金融助力科技成果转化产业化体系，破解科技成果转化服务机构盈利难题、加快培养高水平技术转移人才队伍。

第三章　粤港澳大湾区两区九市创新驱动高质量发展的实践

一、粤港澳大湾区两区九市发展现状

（一）广深港三地引领大湾区经济发展

1. 深圳、广州、香港 GDP 超 2 万亿元，引领湾区经济发展

2022 年，大湾区两区九市经济规模呈梯度分布。第一梯队是深圳、广州、香港，2022 年 GDP 总量超 2 万亿元，深圳市 GDP 总量更是超过 3 万亿元，在全国建制市中仅次于上海和北京；广州市 GDP 总量为 2. 88 万亿元，位列全国建制市第五。第二梯队是佛山、东莞，经济总规模在 1 万亿—2 万亿元之间，其中佛山市 2022 年 GDP 为 1. 27 万亿元，东莞市 2022 年 GDP 为 1. 12 万亿元。第三梯队包括惠州、珠海、江门、中山、肇庆、澳门等地区，GDP 总量均在万亿元以下（见图 3 - 1）。

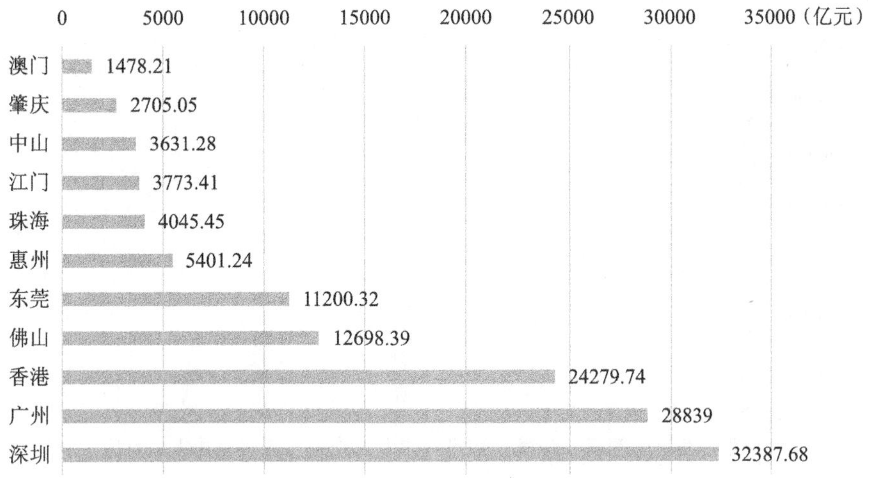

图 3－1　2022 年粤港澳大湾区两区九市 GDP

数据来源：根据广东省统计年鉴及香港、澳门特别行政区政府公布的数据计算得到。

2. 港澳人均 GDP 显著高于内地，经济发展水平较高

大湾区两区九市人均 GDP 差距明显，香港、澳门人均 GDP 明显高于内地九市。2022 年香港人均 GDP 达到 32. 27 万元，在全国（含港澳台地区）城市人均 GDP 排名中位列第二，仅次于台北，澳门人均 GDP 达 21. 61 万元，全国排名第六。而深圳市 2022 年人均 GDP 为 18. 32 万元，在大湾区内地九市中排名第一，全国（含港澳台地区）排名第六。近年来，深圳市经济快速发展，人均 GDP 近五年复合增长率达到 4%，经济发展水平与港澳地区差距逐步缩小（见图 3－2）。

3. 深圳 GDP 占比不断增加，经济保持高速增长

从两区九市 GDP 占比看，近年来深圳、广州、佛山等市占比持续提升。2022 年深圳、广州、佛山 GDP 占湾区名义 GDP 的比例分别较 2018 年增加 2. 3、0. 8、0. 4 个百分点。而珠海、香港、澳门 GDP 占湾区名义

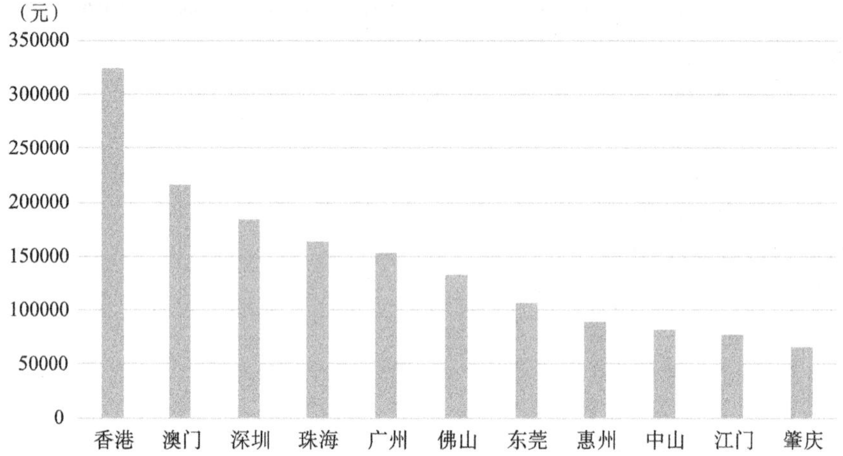

图 3-2　2022 年粤港澳大湾区各城市人均 GDP

数据来源：广东省统计年鉴及香港、澳门特别行政区政府公布的数据。

GDP 比例分别较 2018 年下降 0.6、2.5、2.2 个百分点。从 GDP 增速来看，2019—2022 年肇庆年均 GDP 增速达到 5.1%，位居内地九市第一名。深圳 GDP 年均增速为 4.9%，在内地九市中保持领先。增长最慢的是中山，年均增速仅为 2.8%（见图 3-3、图 3-4）。

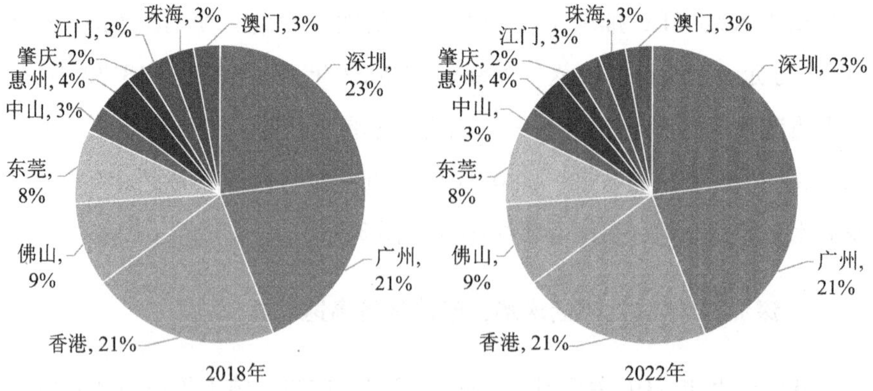

图 3-3　2018 年和 2022 年粤港澳大湾区各城市 GDP 占湾区 GDP 比重

数据来源：北大汇丰《粤港澳大湾区四年经济发展回顾与展望》。

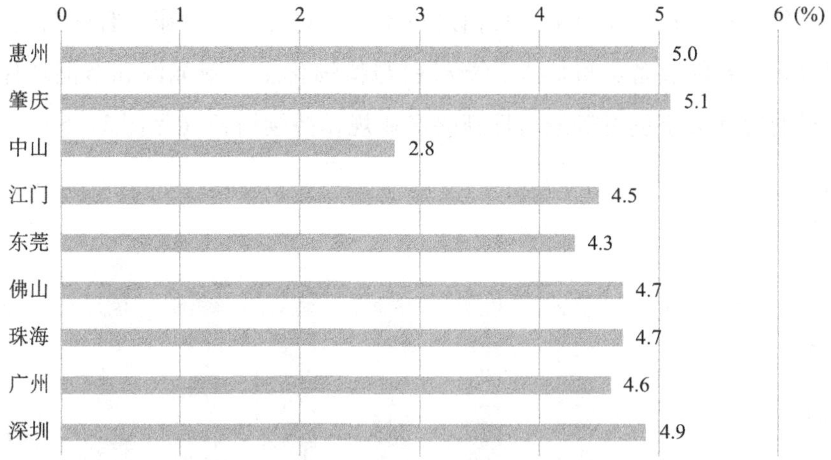

图 3－4 2019—2022 年珠三角九市 GDP 年均增速

数据来源：根据广东省统计年鉴整理得到。

（二）区域性现代化产业体系基本建成

近年来，大湾区两区九市产业结构不断优化，现代化产业体系不断完善。香港作为全球重要的金融中心，以金融业、房地产业和旅游业为支柱产业，澳门以旅游、贸易、餐饮、博彩为支柱产业。内地九市中，深圳市以高新技术产业、物流业、金融业、文化产业为支柱产业，构建了“4＋7＋5”产业布局；广州市积极构建战略支柱产业、战略性新兴产业“8＋10”产业体系；东莞、中山、惠州、佛山、江门、肇庆等市依托制造业发展特色与基础，加快推进传统制造业智能化、高端化发展，大力发展食品饮料、纺织服装鞋帽、智能家居、精密仪器制造等产业，同时谋划布局生物医药、电子信息、高端装备制造等高新技术产业。近几年，深圳市新一代信息技术、生物医药、数字经济、高端装备制造、新材料、绿色低碳、海洋经济等战略性新兴产业快速发展，达到全国领先水平；广州市新一代信息技术、生物医药与健康、智能与新能源汽车、智能装备与机器人、新材料与精细化工、新能源和节能环保、轨道交通和数字创意等战略性新兴产业规模持续增长（见图3－5）。

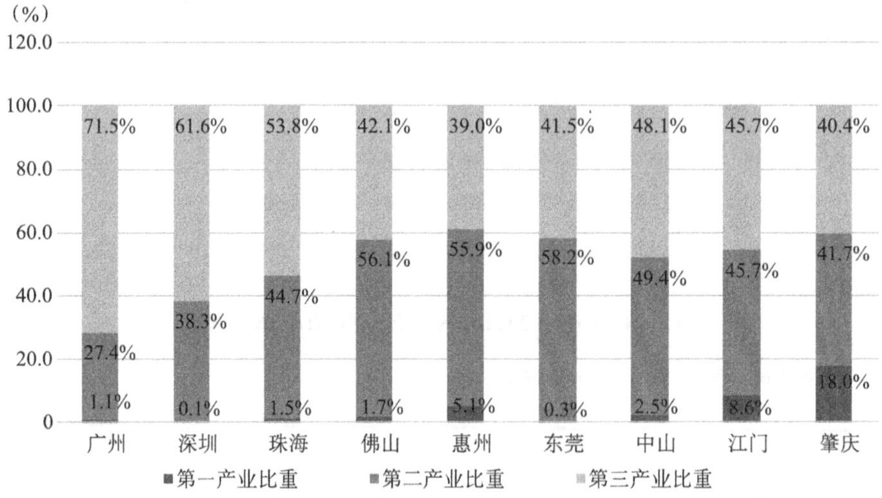

图3－5　2022年广东省一二三产增加值占比情况

数据来源：广东省统计局。

（三）内地九市创新政策环境优势明显

1. 两区九市对接机制基本形成

目前，大湾区已成立国家—省—市三级工作领导小组，协同推进大湾区建设（见图3－6）。国家层面，2018年8月大湾区建设领导小组成立，由中共中央政治局常委、国务院副总理韩正担任组长，香港特别行政区行政长官林郑月娥、澳门特别行政区行政长官崔世安为主要成员。领导小组主要负责制定粤港澳大湾区发展的纲领性规划，部署现阶段大湾区建设的重点工作。省级层面，广东省先后成立了广东省推进粤港澳大湾区建设领导小组、广东省推进粤港澳大湾区国际科技创新中心建设领导小组。其中广东省推进大湾区建设领导小组负责制定大湾区建设年度重点工作计划，部署重点任务。香港、澳门也分别确定由香港特区政府粤港澳大湾区发展办公室、中央人民政府驻澳门特别行政区联络办公室作为对接协调粤港澳大湾区建设的相关工作。

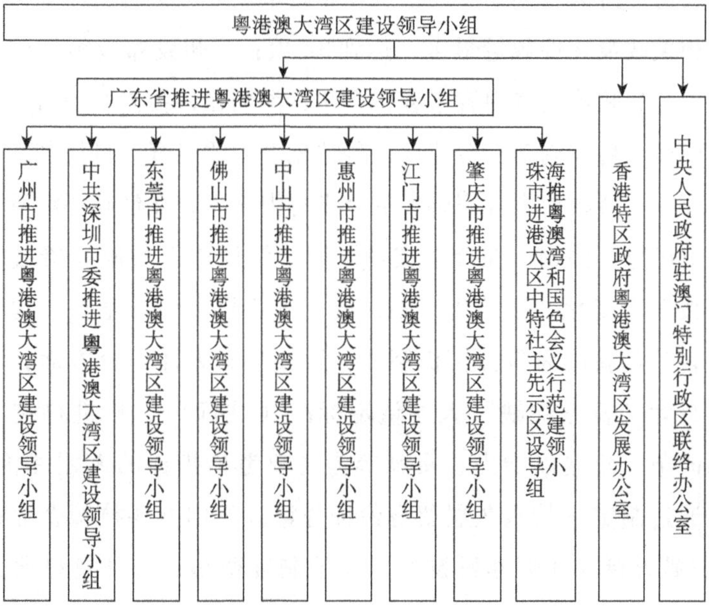

图3－6　粤港澳大湾区建设领导小组组织架构

数据来源：根据公开资料整理。

市级层面，内地九市分别成立了推进大湾区建设领导小组（以下简称“领导小组”），日常工作主要由各市发展改革部门承担，主要负责落实国家、省级层面交办的重点任务和重大项目部署。近年来，广州市的领导小组制定了发展规划，先后印发了《荔湾粤港澳大湾区医药健康综合试验区建设总体方案》《粤港澳大湾区北部生态文化旅游合作区建设方案》《广州市岭南文化中心区（荔湾片区）发展规划（2019—2025年）》等文件，将建设工作落到实处。其他地市领导小组仅开展了工作对接、落实省级工作部署、参加省级建设工作会议等。

2. 广深创新政策支持力度大，九市政策环境不断优化

“十四五”期间，内地九市在支持科技创新方面出台了一系列政策文件，大力支持区域创新发展。从发布政策文件数量看，深圳市发布科技创新相关政策文件数量最多，达到32项；广州发布政策文件22项，位列第二。从政策支持内容来看，广州、深圳在科技创新项目、科研基础设施建设、科技创新平台建设、科技创新人才引育、科技创新金融支持等方面的支持政策内容完善，资金支持力度大，在创新环境营造方面具有突出优势。例如，在金融支持方面，深圳市以政府投资撬动社会资本，按照市场化、法治化原则，成立创业投资引导基金，构建引领和促进科技创新的风险分担机制。在科技创新人才引育方面，深圳市出台《外籍“高精尖缺”人才认定标准（试行）》，推进科技人才评价体系改革，建立以能力、贡献等为主要考核指标的人才评价体系；广州市通过制定《持永久居留身份证外籍人员创办科技型企业试行办法》，打破外籍人才创办科技型企业的制度壁垒，为外籍科研人才提供了良好的创业环境。在知识产权保护方面，深圳市出台《深圳经济特区知识产权保护条例》，创新知识产权“速裁+快审+精审”三梯次审判工作模式，大幅降低知识产权维权成本（见表3-1）。

表 3－1　　内地九市科技创新政策文件数量

政策文件分类			广州	深圳	珠海	东莞	中山	惠州	佛山	江门	肇庆
科技创新	地方性法规		1	2	1	—	—	—	—	—	—
	地方规范性文件	研发项目管理与资金支持	5	8	3	1	2	5	2	—	—
		科技创新平台建设与管理	1	5	2	—	—	—	—	—	—
		科研基础设施建设	—	2	—	—	—	—	—	—	—
		科技服务机构管理与资金支持	1	—	1	—	—	—	1	—	—
		技术交易与成果转化	4	3	1	—	—	1	—	—	—
创新创业	地方性法规		1	—	—	—	—	—	—	—	—
	地方规范性文件		1	2	1	—	1	1	2	—	—
人才政策	地方规范性文件		3	2	2	1	4	2	2	—	—
金融支持	地方规范性文件		4	1	1	—	—	—	1	—	—
税收优惠	地方规范性文件		—	4	1	—	—	—	—	—	—
其他	地方规范性文件		1	3	—	—	—	—	—	—	—
合计			22	32	13	2	7	9	8	0	0

数据来源：根据公开资料整理而成。

（四）内地九市公共服务水平持续提升

近年来，内地九市聚焦数字化治理，采用政企合作等多种形式，推进各类智能化政务服务平台的建设，开展了一系列创新和探索。一方面，通过政务数据全生命周期管理，实现数字治理的业务流程再造和组织架构革新。另一方面，数字治理突破了科层制边界，向社会和市场领域延伸，惠民惠企服务效能持续提升。

1. 内地九市公共服务能力持续提升

近年来，内地九市公共服务质量不断提升。在医疗健康服务方面，内地九市医疗服务机构数量逐年上升，每千常住人口卫生人员数逐年增加，基层医疗服务能力显著提升。其中，广州、深圳三甲医院数量分别为44家、32家，集中了大量优质的医疗资源。在基础教育方面，“十四五”时期，广东省扎实推进基础教育高质量发展，内地九市基础教育质量显著提升。2022年，广东省遴选出13个基础教育高质量发展实验区和15个基础教育高质量发展示范区，其中东莞、中山两个地市及广州市3个城区，深圳市2个城区，珠海市2个城区，佛山市5个城区，江门市1个县级市获批成为广东省基础教育高质量发展示范区。根据2023年中央评定的珠三角地区教育质量排名，广州、深圳、佛山、珠海、江门教育质量位于前五名。在养老服务领域，内地九市“十三五”时期便开始大力推进多层次养老服务体系构建，各市将55%以上的社会福利事业的彩票公益金用于养老服务建设，其中广州、深圳、珠海、佛山、江门等市编制了养老服务设施专项规划。2023年12月，深圳市罗湖区、佛山市顺德区、广州市黄埔区、江门市新会区入选全国首批医养结合示范县。深圳、佛山、广州、江门等市在养老服务领域成效最为突出（见图3－7）。

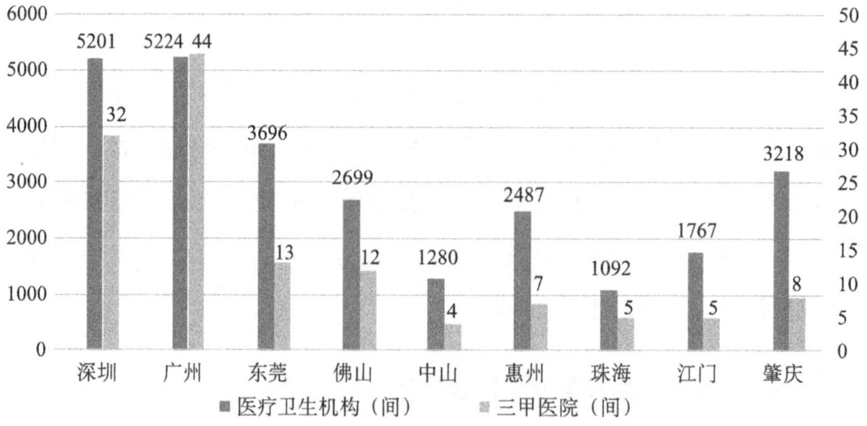

图3－7　珠三角九市医疗卫生机构及三甲医院数量

数据来源：根据公开资料整理。

2. 广深就业市场活力较高，东莞佛山人才需求快速增长

从内地九市就业人数看，2022 年深圳市就业人数达到 1193.4 万人，就业市场规模在珠三角九市中排名第一；广州市 2022 年就业人数为 1120 万人，排名第二。从就业市场活跃度看，根据猎聘大数据，2023 年开年，广东地区企业招聘需求环比增加 43.1%，高于全国平均水平，其中广州、深圳招聘需求量最大，招聘需求主要集中于半导体、集成电路、互联网、计算机软件、新能源、电子商务等领域。佛山、东莞等城市招聘需求量涨幅最高，佛山市招聘需求量环比增长 60.63%，东莞环比增长 51.33%，人才需求量大幅提升。从求职需求端看，中山、肇庆求职人数增幅最大，求职需求环比增幅分别为 131.3%、119.1%（见图 3-8）。

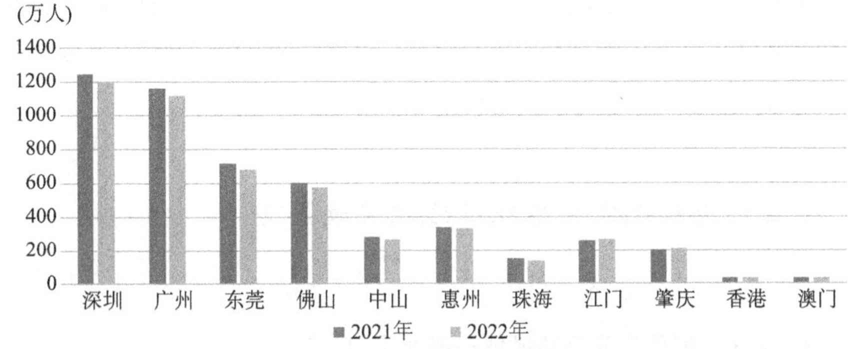

图 3-8　2021—2022 年粤港澳大湾区就业人数

数据来源：内地九市统计年鉴，香港、澳门公开数据资料。

3. 广深珠引领内地九市数字化治理

近年来，内地九市加快推进数字政府建设，大幅提升城市数字治理水平。2022 年广东省发布的数字政府改革建设工作评估结果显示，广州、深圳、珠海、佛山、肇庆数字政府改革建设能力位居省内第一梯队，引

领全省数字化治理能力建设。其中，广州市打造“穗智管”城市运行管理中枢，98%实现“零跑动”。主要成效表现在以下两方面：一是基础设施支撑能力持续提升。广州市建成全市统一的“云、网、数”政务服务信息化公共支撑平台，实现80%以上的市级单位“上云”；二是智慧政务改革走在前列。广州市在国内率先实行“前台综合受理、后台分类审批、统一窗口出件”的集成服务模式，创新打造“穗智管”城市运行管理平台，在全国率先建成“人、企、地、物、政”城市基础要素全景图，应用主题超20个、服务场景超100个，努力探索超大城市数字化、精细化治理模式。深圳市通过打造CIM1.0平台，建设数字孪生城市，数字先锋城市建设成效显著。2022年，深圳市实现高频自助服务事项进驻1400台银行STM终端，覆盖140个银行网点。同时，深圳市加快建设粤港澳大湾区大数据中心，开展数据经纪人、“数据海关”试点，建成深圳数据交易所，构建了涵盖金融科技、数字营销、公共服务等在内的61个交易场景，成功实现国内首批场内跨境数据交易。

（五）内地九市生态环境治理成效显著

1. 肇庆深圳两市生态环境保护成效突出

聚焦建设世界一流美丽湾区目标，粤港澳“九市两区”不断强化生态环境保护顶层设计，联合开展生态环境治理和生态环境修复行动，共同推进绿色低碳发展，生态环境质量得到明显改善。内地九市的空气质量不断改善，2022年，肇庆、深圳两市天气达到国家一级和二级的天数比重分别达到95%、92.1%；其余七市的空气质量全年优良比均在80%以上（除香港、澳门外）。各市水环境保护成效显著，以各市地表水国考、省考断面水质为例，2022年，佛山和肇庆两市水环境优良比均达到

100%；除深圳和东莞水环境质量在70%以下、仍需加大保护力度外，广州、佛山、江门、肇庆等市水环境质量优良比均在85%以上（见图3－9、图3－10）。

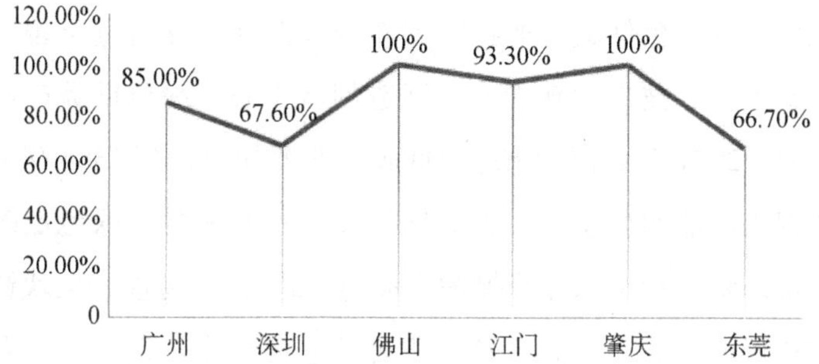

图3－9　2022年珠三角各市水环境优良比例

注：数据指标主要以各市的地表水、断面水质优良。

数据来源：各市2022年生态环境状况公报。

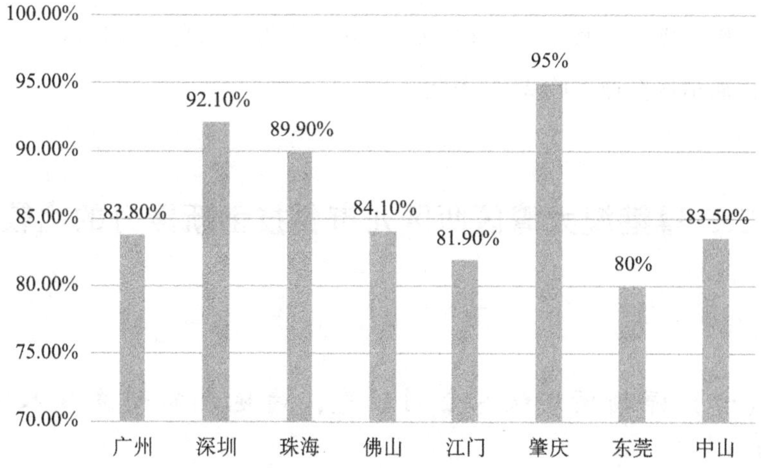

图3－10　珠三角各城市空气优良天数占比

数据来源：各市2022年生态环境状况公报。

2. 内地九市加快推进绿色低碳转型

各市坚持把绿色低碳发展作为解决生态环境问题的治本之策，加快推进绿色高质量发展。深圳作为国家自主创新示范区，聚焦产业链重点环节，积极打造绿色低碳产业技术创新的策源地，支持重点领域创建国家产业创新中心、技术创新中心、制造创新中心，绿色低碳产业发展取得显著成效。2021 年，深圳市绿色低碳产业增加值达到 1387 亿元，打造了深能环保南山能源生态园、深圳排放权交易所等 8 个绿色低碳示范场景基地。佛山将推动生态环境保护产业与 5G、人工智能、区块链等产业融合，加快形成新业态、新动能，推动绿色新基建建设。充分发挥佛山市环境保护领域龙头企业、平台引领作用，强化关键技术创新研发和集成示范，打造绿色产业链。广州开展碳达峰碳中和先行先试行动，建立碳排放交易市场，积极调整产业结构，大力推动传统产业绿色化转型、加速布局新能源产业。2022 年，广州市稳步推进碳普惠减排量开发，实现林业碳汇碳普惠减排量签 177.08 万吨，为粤东西北贫困地区、苏区老区、民族地区企业增收 2467 万元。

二、粤港澳大湾区两区九市科技创新能力的比较

（一）深圳研发投入全国领先，内地九市研发投入逐年上升

2022 年，大湾区内地九市中研发经费投入超过百亿元的地市有 7 个，投入强度超过 3% 的地市有 4 个。2022 年深圳市研发经费投入达到 1880

亿元，仅次于北京、上海，位列全国第三；研发经费投入强度达5.46%，位列全国第二。在内地九市中，广州、深圳、惠州、东莞、中山、肇庆等市研发经费投入强度呈上升趋势，惠州、东莞、中山、肇庆等市研发经费投入金额逐年上升，科技创新资金支持力度不断加大（见表3－2）。

表3－2　　2022年粤港澳大湾区内地九市研发经费投入情况

城市	研发投入额（亿元）	2022年研发投入强度（%）	2021年研发投入强度（%）
广州	988.36	3.43↑	3.15
深圳	1880	5.81↑	5.46
珠海	118.07	2.92↓	3.26
惠州	185.71	3.44↑	3.10
佛山	359.53	2.83↓	2.91
东莞	458.72	4.1↑	3.54
中山	100.66	2.77↑	2.27
江门	91.4	2.42↓	2.57
肇庆	37.37	1.38↑	1.11

数据来源：《2022年广东省科技经费投入公报》。

（二）广深港澳名校和高水平研发人才集聚

1. 港澳广深汇聚世界名校，大湾区高校数量持续增加

大湾区内部高等院校体系完备，世界名校主要分布在香港、澳门、广州和深圳四地。其中，广州拥有84[①]所普通本专科院校，包含3所QS世界名校；深圳虽然起步较晚，但培育了南方科技大学、深圳大学两所QS世界名校，两所高校均进入新一轮广东省高水平大学重点建设高校行

① 数据来源：2023广州有哪些大学？广州所有大学名单一览表（84所）_大学生必备网（dxsbb.com）。

列；香港的高校数量不多，但质量较高。2022 年 QS 世界大学排行榜中，香港有 7 所，其中 5 所位于世界百强前列；澳门近几年持续加大在高等教育投入，提升澳门大学、澳门科技大学国际影响力。此外，珠海、佛山、东莞等城市高等教育水平逐年增强，但尚未培养出世界名校（见表 3－3）。

表 3－3　2022 年 QS 世界大学排行榜粤港澳大湾区上榜高校

城市	数量	高校名称（排名）
香港	7	香港大学（22）、香港科技大学（34）、香港中文大学（39）、香港城市大学（53）、香港理工大学（66）、香港浸会大学（287）、香港岭南大学（581—589）
澳门	2	澳门大学（322）、澳门科技大学（651—700）
广州	3	中山大学（260）、华南理工大学（407）、暨南大学（751—800）
深圳	2	南方科技大学（275）、深圳大学（601—650）

香港、澳门、广州和深圳四个城市的知名高校在优势学科建设方面成效显著。香港大学的医学、商科、政法、人文等领先亚洲，具有很强的国际影响力；香港科技大学的电子工程、土木工程、计算机科学等学科实力强大。截至 2023 年 8 月，广州 6 所高校入选国内双一流高校和世界五百强高校，其中，中山大学的哲学、数学、化学、生物学、生态学、材料科学与工程、电子科学与技术、基础医学、临床医学、药学、工商管理 11 个学科入选双一流学科；华南理工大学的化学、材料科学与工程、轻工技术与工程、农学 4 个学科入选双一流学科。澳门大学、澳门科技大学等高校进步明显，在电机及计算机工程、葡萄牙语、博彩管理、中医药等学科领域具有较强影响力。深圳大学、南方科技大学 8 个学科新进入 ESI 排名前 1%[①]，成为内地高校 ESI 排名进步最快高校。

广州、佛山、中山和东莞率先推进新大学建设。广州方面，中国科

① 数据来源：2023 年深圳市政府工作报告全文发布 – 工作动态 – 深圳市交通运输局（深圳市港务管理局）（sz. gov. cn）。

学院大学广州学院、广州交通大学、香港科技大学（广州校区）、华南理工大学广州国际校区正在新建或筹建；佛山拟建定位为世界一流的佛山理工大学；中山市启动与澳门科技大学合作的香山大学建设，积极筹备省市共建中山科技大学；东莞市积极推进大湾区大学建设。内地九市还推进与港澳高校合作办学，香港科技大学（广州）投入使用，香港城市大学（东莞）加快建设，香港理工大学、澳门科技大学、澳门城市大学与广东有关地市签署合作办学框架协议或合作备忘录。粤港澳三地高校通过强强联合打造“粤港澳一小时学术圈”，面向学术前沿、国家重大发展战略需求以及国家和区域社会经济发展需求，共同为国家和粤港澳地区创新驱动发展贡献力量，推动三地教育、人才和科技深度合作（见表3－4）。

表3－4　　　　粤港澳大湾区各城市高校资源表

城市	本科高校
广州	中山大学、华南理工大学、暨南大学、华南师范大学、南方医科大学、广东工业大学、华南农业大学、广州中医药大学、广东外语外贸大学、广州医科大学、广州大学、广州美术学院、广东财经大学、广东金融学院、广东外语外贸大学南国商学院、广州航海学院、仲恺农业工程学院、广东第二师范学院、广东警官学院、广东药科大学、广东白云学院、广东技术师范大学、广东财经大学华商学院、广东工业大学华立学院、广东技术师范大学天河学院、广东培正学院、广州大学华软软件学院、广州大学松田学院、广州工商学院、广州科技职业技术大学、广州商学院、广州体育学院、华南理工大学广州学院、华南农业大学珠江学院、星海音乐学院、中山大学南方学院、中山大学新华学院、香港科技大学（广州）
深圳	香港中文大学（深圳）、哈尔滨工业大学（深圳）、深圳大学、南方科技大学、深圳技术大学、深圳北理莫斯科大学、香港中文大学（深圳）医学院
珠海	北京师范大学（珠海校区）、北京师范大学—香港浸会大学联合国际学院、吉林大学珠海学院、北京理工大学珠海学院、北京师范大学珠海分校
佛山	佛山科学技术学院、广东东软学院
惠州	惠州学院

续表

城市	本科高校
东莞	东莞理工学院城市学院、东莞理工学院、广东科技学院
中山	电子科技大学中山学院
江门	五邑大学
肇庆	肇庆学院、广东工商职业技术大学、广东理工学院
香港	香港大学、香港中文大学、香港科技大学、香港理工大学、香港浸会大学、香港城市大学、岭南大学、香港教育大学、香港公开大学、香港演艺学院、香港树仁大学、珠海学院、明德学院、恒生管理学院、东华学院、明爱专上学院、香港高等科技教育学院、香港专业进修学校、香港能仁专上学院、宏恩基督教院
澳门	澳门大学、澳门理工学院、澳门旅游学院、澳门保安部队高学学校、澳门城市大学、圣若瑟大学、澳门镜湖护理学院、澳门科技大学、澳门管理学院、中西创新学院

2. 深圳市研发人员数量全国领先，顶尖科技人才集聚

大湾区内地九市研发人员规模逐年扩大，2021 年九市研发人员约占全国 A 股上市公司研发人员数量的 20%①，深圳市研发人员数量最高，已超过 40 万人，比北京市多 10 万人；其次是广州、东莞和佛山，研发人员数量分别为 23.57 万人、18.76 万人和 10.45 万人；惠州、珠海、中山、江门、肇庆的研发人员数量均较少，五市合计低于东莞研发人员数量。内地九市中广州、深圳、佛山、东莞四市研发人员占比较为稳定，珠海、惠州两市近年来表现抢眼，部分年份 A 股公司研发人员占比超 17%，一度超过广深。深圳市持续打造更具吸引力的人才高地，2022 年深圳新增全职院士 17 人，高层次人才累计超 2.4 万人，留学回国人员超 20 万人（见表 3-5）。

① 数据来源：GBAIES 2022 | 《2022 年粤港澳大湾区创新力发展报告》发布：综合创新能力不断提升 协同创新潜能仍可挖掘 - 21 财经（21jingji. com）。

表 3－5　　粤港澳大湾区内地九市研发人员数量（2021 年）

城市	研发人员数量（万人）	研发人员折合全时当量（万人）
广州	23.57	15.24
深圳	44.36	33.98
东莞	18.76	13.36
佛山	10.45	7.19
珠海	3.76	2.59
中山	3.67	2.40
惠州	7.41	5.47
江门	4.00	2.75
肇庆	1.34	0.85

数据来源：各城市《2022 年统计年鉴》。

广州和深圳的科技人员相关指标优于大湾区其他城市。珠海、佛山、东莞、惠州、中山、江门、肇庆 7 个城市在引进省创新创业团队、引进高层次人才数量、全职在粤工作院士的人数方面均为个位数，与广州和深圳差距较大。在博士后创新平台和工作站在站人数方面，佛山市均居第三，珠海均居第四，深圳市博士后工作站在站人数是广州市的四倍多。珠海、佛山等 7 个城市在科技人员相关指标上均未能排在前列，与广州、深圳等地差距明显（见表 3－6）。

表 3－6　　2022 年粤港澳大湾区内地九市科研队伍建设情况

	引进省创新创业团队（个）	引进高层次人才数量（人）	博士后创新平台（个）	博士后工作站在站人数（人）	全职在粤工作院士（人）
广州	20	153	97	742	61
深圳	16	101	120	3266	62
珠海	2	2	50	95	3
佛山	4	4	115	201	2
惠州	0	0	10	21	0
东莞	2	6	36	57	4

续表

	引进省创新创业团队（个）	引进高层次人才数量（人）	博士后创新平台（个）	博士后工作站在站人数（人）	全职在粤工作院士（人）
中山	0	2	15	33	0
江门	0	1	19	23	0
肇庆	0	2	3	40	0

数据来源：粤港澳大湾区内地九市《2021 年统计年鉴》。

（三）内地九市科研基础设施不断完善

1. 内地五市大科学装置集聚，科研基础设施加速布局

加快布局建设大科学装置，是建设大湾区综合性国家科学中心科技和产业创新高地的必然选择。近年来，广州、深圳、江门、惠州和东莞等地加快布局建设重大基础科学设施，东莞实现零的突破，深圳布局“高精尖”实验室，大力推进深圳建设综合性国家科学中心粤港澳建设国际科技创新中心。目前，大湾区已建成运行的大科学装置有 4 个，主要分布在深圳和东莞，即东莞的散列中子源大科学装置和深圳的未来网络基础设施、国家基因库、国家超级计算深圳中心（见表 3 –7）。

表 3 –7　　粤港澳大湾区大科学装置建设情况

地区	大科学装置名称
已建成	
东莞	散裂中子源（CSNS）
深圳	未来网络基础设施、国家基因库、国家超级计算深圳中心
在建	
广州	冷泉生态系统研究、智能化动态宽域高超声速风洞和航空轮胎、人类细胞谱系
深圳	光明科学城脑解析与脑模拟设施、合成生物研究设施、精准医学影像大设施、材料基因组平台、特殊环境材料科学与应用研究设施

续表

地区	大科学装置名称
江门	中微子实验站
惠州	强流重离子加速器（HIAF）、加速器驱动嬗变研究（CiADS）
东莞	南方光源

资料来源：广东政协网。

2. 广州汇聚众多高端创新资源，引领大湾区创新平台体系建设

目前，大湾区已建成以国家实验室为引领、全国重点实验室为支撑，国家技术创新中心、国家工程技术研究中心、广东省实验室、粤港澳联合实验室、广东省重点实验室、新型研发机构等协同推进的高能级创新平台体系。截至2021年底，广州拥有国家重点实验室[①]21家，粤港澳联合实验室10家，国家工程技术研究中心9家、省级重点实验室256家，数量均居大湾区之首，涉及新材料、先进制造、生物医药、环境科技等重点领域（见表3-8）。

表3-8 2021年粤港澳大湾区各城市部分创新平台建设情况

	国家重点实验室（家）	省级重点实验室（家）	粤港澳联合实验室（家）	国家工程技术研究中心（家）	新型研发机构（家）
香港	16	—	6	6	
澳门	4	—	—	—	
广州	21	256	10	9	63
深圳	6	64	5	6	40
东莞	1	10	1	1	24
佛山	0	29	1	0	18

① 2022年2月科技部办公厅印发《关于贯彻落实〈重组国家重点实验室体系方案〉的通知》，提出《全国重点实验室建设标准（试行）》和《全国重点实验室建设“五问”》，正式开启国家重点实验室的优化重组，重组之后的称为“全国重点实验室”。

续表

	国家重点实验室（家）	省级重点实验室（家）	粤港澳联合实验室（家）	国家工程技术研究中心（家）	新型研发机构（家）
珠海	1	6	2	4	15
中山	0	7	0	0	7
惠州	0	6	0	0	9
江门	0	4	0	0	6
肇庆	1	5	0	1	5

数据来源：各城市 2021 年统计公报和广东省科学技术厅官网。

（四）广深港高水平科技创新主体集聚

1. 广州、深圳、香港创新型企业集聚，企业创新能力不断增强

大湾区独角兽企业集中分布在深圳和广州两个城市。胡润研究院发布的《2022 年中全球独角兽榜》报告显示，近几年大湾区独角兽企业数量呈逐年上升趋势。截至 2022 年 6 月 30 日，大湾区独角兽企业达到 62 家，分布在深圳、广州、香港、珠海和东莞 5 个城市。其中，深圳 33 家，占比超过 50%，广州 19 家，占比超过 30%，东莞首次实现零的突破。另外，Shein 和微众银行首次入选全球独角兽前十榜单，企业估值均超千亿元。深圳市大疆创新科技有限公司等在细分领域成长为具有全球技术领先地位的超级独角兽企业（见表 3 –9）。

表 3 –9　2022 年中粤港澳大湾区新生产力独角兽企业分布

城市	独角兽企业数量（家）	数量占比（%）
深圳	33	53.2
广州	19	30.6
香港	7	11.3

续表

城市	独角兽企业数量（家）	数量占比（%）
珠海	2	3.2
东莞	1	1.6

数据来源：胡润研究院《2022 年中全球独角兽榜》

龙头企业集中分布在深圳、香港和广州 3 个城市。作为中国改革开放的前沿地区，大湾区奠定了制造与创新中心的地位，培育了一大批行业龙头企业。2022 年大湾区世界 500 强企业有 25 家，大部分集中于深圳、香港和广州 3 个城市，分别有 10 家、6 家和 6 家，其中华为入选全球研发投入前十大企业，大疆科技占据全球无人机 90% 的市场，广州工控、广新集团、立讯精密首次入选，东莞实现世界 500 强企业零的突破（见表 3 – 10）。

表 3 – 10　　2023 年粤港澳大湾区世界 500 强企业

序号	企业名称	城市	世界排名
1	中国平安保险	深圳	33
2	南方电网		83
3	华为		111
4	正威集团		124
5	腾讯控股		147
6	万科企业		173
7	招商银行		179
8	比亚迪		212
9	顺丰控股		377
10	深控股		391

续表

序号	企业名称	城市	世界排名
11	广汽集团	广州	165
12	中国电子		368
13	广州建筑		380
14	广州工控		414
15	广药集团		426
16	广东省广新控股集团		427
17	中国华润	香港	74
18	招商局		175
19	联想		217
20	中国太平洋保险		385
21	怡和集团		395
22	长江和记实业		453
23	碧桂园	佛山	206
24	美的集团		278
25	立讯精密	东莞	479

数据来源：《财富》世界500强企业榜单。

深圳市高新技术企业数量居大湾区首位、全国第二。近年来，大湾区建设取得阶段性显著成效，国际一流湾区和世界级城市群建设迈出坚实步伐。2021年广东省高新技术企业超过6万家①，绝大部分集中在内地九市。其中，深圳市高新技术企业超过2万家，稳居全国第二，每平方公里高新技术企业数量达到10.5家，位列全国第一；广州高新技术企业数量达到11435万家，位居全国第四。东莞和佛山的高新技术企业数量分别为7387家和7100家。大湾区内只有深圳和广州拥有的高新技术企业超过1万家，中山、江门、珠海、惠州、肇庆5个城市高新技术企业较少，

① 数据来源：2021年粤港澳大湾区经济总量约12.6万亿元人民币_滚动新闻_中国政府网（www.gov.cn）。

均不超过 3000 家（见表 3－11）。

表 3－11　　2021 年粤港澳大湾区内地九市高新技术企业数量

城市	高新技术企业数量（家）	城市	高新技术企业数量（家）
深圳	21335	江门	2194
广州	11435	珠海	2075
东莞	7387	惠州	2050
佛山	7100	肇庆	1092
中山	2294		

数据来源：内地九市 2021 年统计公报。

2. 广深新型研发机构较多，佛山、东莞新型研发机构加速布局

新型研发机构聚焦科技创新需求，对城市科技创新发展意义重大。广州、深圳、佛山、东莞、珠海为广东省新型研发机构数量排名前五的城市。其中，广州新型研发机构近 80 家，居全省第一，同时聚集着国家实验室、综合类国家技术创新中心、国家未来产业科技园等国家级重大平台；深圳紧跟广州排名第二，拥有 46 家新型研发机构；惠州、中山、江门和肇庆的新型研发机构数量还是个位数。大湾区新型研发机构地市覆盖率达 100%（见表 3－12）。

表 3－12　　粤港澳大湾区各城市新型研发机构

城市	新型研究机构
广州	广东智能无人系统研究院、中科开创（广州）智能科技发展有限公司、广州暨南大学医药生物技术研究开发中心有限公司、广东三维家信息科技有限公司、广州弘度信息科技有限公司、方欣科技有限公司、广东省中药研究所、广东方纬科技有限公司、广州市赛普特医药科技股份有限公司、广州现代产业技术研究院、广州广电研究院有限公司、广州云从人工智能技术有限公司、广东浪潮大数据研究有限公司、科大讯飞华南人工智能研究院（广州）有限公司、广州市智能软件产业研究院、中新国际联合研究院、北京科

续表

城市	新型研究机构
广州	技大学广州新材料研究院、广州暨南生物医药研究开发基地有限公司、广东莱恩医药研究院有限公司、广东暨大基因药物工程研究中心有限公司、浙江大学华南工业技术研究院、广东华南联合疫苗开发院有限公司、广东高质资源环境研究院有限公司、广州化工研究设计院、广州中大数字家庭工程技术研究中心有限公司、广州珠江钢琴集团股份有限公司乐器工程研究院、广州南沙3D打印创新研究院、广州时空位置网科学技术研究院有限公司、广东粤港澳大湾区硬科技创新研究院、广州市大湾区虚拟现实研究院、中国科学院自动化研究所广州人工智能与先进计算研究院、广东省大湾区集成电路与系统应用研究院、广东省新一代通信与网络创新研究院、广州医药研究总院、广州中国科学院先进技术研究所、广州中国科学院软件应用技术研究所、广州中国科学院沈阳自动化研究所分所、广州中国科学院工业技术研究院、中国科学院广州生物医药与健康研究院、中山大学花都产业科技研究院、百奥泰生物科技研究院、广东省网络空间安全创新技术研究院、香雪生命科学研究院、聚华印刷显示技术研究院、广州市光机电技术研究院、蓝盾信息安全企业研究院、广州杰赛通信与信息技术研究院、广州海格通信研究院、广东合一新材料研究院、广东省赛莱拉干细胞研究院、金发科技新材料研究院、广东星创众谱仪器研究院、广州智能装备研究院、广州中国科学院计算机网络信息中心、广州市日用化学工业研究所、广州市二轻工业科学技术研究所、广东省电子技术研究所、广州市建筑材料工业研究所、广州合成材料研究院、中科院广州新型特种精细化学品研究院、广州市建筑科学研究院、广东恒健质子治疗技术装置创新研究中心、广州广电运通货币处理研究院、广州市数字视频编解码技术国家工程实验室研究开发与产业化中心、广州智慧城市发展研究院、广州赛西标准检测研究院、广东海大畜牧兽医研究院、广州市民科半导体照明标杆体系研究中心、军事医学科学院华南干细胞与再生医学研究中心、广州超级计算中心、广东华南新药创制中心、中山大学南沙研究院、广州金域检验转化医学研究院、广州市香港科大霍英东研究院
深圳	北京理工大学深圳汽车研究院、广东海洋大学深圳研究院、深圳罗兹曼国际转化医学研究院、深圳市海普洛斯生物科技有限公司、深圳市中光工业技术研究院、深圳市新一代信息技术研究院有限公司、深圳市太赫兹科技创新研究院、深圳市免疫基因治疗研究院、深圳航天科技创新研究院、深圳市桥博设计研究院有限公司、深圳海王医药科技研究院

续表

城市	新型研究机构
深圳	有限公司、深圳市智能机器人研究院、深圳八六三计划材料表面技术研发中心、香港大学深圳研究院、香港中文大学深圳研究院、深圳北斗应用技术研究院有限公司、深圳市万泽中南研究院、深圳光启高等理工研究院、香港科技大学深圳研究院、香港理工大学深圳研究院、北京大学深圳研究院、中山大学深圳研究院、香港城市大学深圳研究院、深港产学研基地、清华大学深圳研究生院、深圳华大基因研究院、深圳清华大学研究院、中国科学院深圳先进技术研究院、安科智慧城市技术（中国）有限公司中央研究院、深圳市微纳集成电路与系统应用研究院、华星光电 AMOLED 技术研究院、国家超级计算深圳中心（深圳云计算中心）、北京大学深圳研究生院、深圳市太空科技南方研究院、深圳市未来媒体技术研究院、深圳市国创新能源研究院、深圳超多维光电子研究院、深圳市先进石墨烯应用技术研究院、深圳市勘察研究院、深圳市城市交通规划设计研究中心、深圳市燃气集团燃气技术研究院、深圳市坤健创新药物研究院、深圳市创新设计研究院、深圳市圆梦精密技术研究院、深圳市国华光电研究院、武汉大学深圳研究院
珠海	珠海复旦创新研究院、盈科瑞（横琴）药物研究院有限公司、广东省海洋工程装备技术研究所、珠海中科先进技术研究院有限公司、珠海市斗门区河口渔业研究所、珠海深圳清华大学研究院创新中心、珠海霍普金斯医药研究院股份有限公司、丽珠集团生物医药研究院、珠海诺贝尔国际生物医药研究院、中德（珠海）人工智能研究院有限公司、珠海格力节能环保制冷技术研究中心、珠海天威打印耗材及增材制造技术研究院、中航通飞研究院、和佳医疗器械创新研究院、华南理工大学珠海现代产业创新研究院、珠海许继配网自动化研究院、珠海南医大生物医药公共服务平台、珠海南方软件网络评测中心、珠海南方集成电路设计服务中心、珠海市吉林大学无机合成与制备化学重点实验室、广东省智能科学与技术研究院
佛山	中国科学院苏州纳米技术与纳米仿生研究所广东（佛山）研究院、广东欧谱曼迪科技有限公司、佛山市顺德区德雅军民融合创新研究院、佛山市三水区诺尔贝机器人研究院有限公司、广东三水合肥工业大学研究院、华南智能机器人创新研究院、广东华南计算技术研究所、德美化工研究院、佛山中国空间技术研究院创新中心、佛山市南海区广工大数控装备协同创新研究院、佛山市中国科学院上海硅酸盐研究所陶瓷研发中心、佛山中

续表

城市	新型研究机构
佛山	国科学院产业技术研究院、佛山赛宝信息产业技术研究院、佛山智能装备技术研究院、广东申菱环境系统研究院、广东威灵微型电机技术研究院、美的制冷研究院、广东美的暖通设备研究院、广东美的厨房电器制造有限公司厨房电器研究院、中国科学院计算机设备与终端DA中心南海分中心、中国科学院广州能源研究所佛山三水能源环境技术创新与育成中心、广东省半导体照明产业联合创新中心、佛山市功能高分子材料与精细化学品专业中心、佛山市中山大学研究院、广东顺德工业设计研究院、佛山市南海中国科学院中医药生物科技产业中心、顺德中山大学太阳能研究院、佛山市高明区（中国科学院）新材料专业中心、佛山市南方数据科学研究院、佛山市香港科技大学医疗卫生计算机设备与终端D－显示技术及产品其他D工程技术研究开发中心、佛山智慧制造研究院有限公司、广东顺德西安交通大学研究院、广东顺德中山大学卡内基梅隆大学国际联合研究院、佛山市环保技术与装备研发专业中心、广东华南家电研究院
惠州	惠州TCL云创科技有限公司、惠州市南方智能制造产业研究院、南方工程检测修复技术研究院、惠州离子科学研究中心、惠州市三航无人机技术研究院、惠州市广工大物联网协同创新研究院有限公司、TC医疗卫生集团工业研究院、惠州市亿纬新能源研究院、惠州华阳汽车电子研发院、惠州市硕贝德科技创新研究院、中科院自动化研究所惠州先进制造产业技术研究院、惠州市德赛工业研究院、中山大学惠州研究院
东莞	广东虹勤通讯技术有限公司、东莞松山湖国际机器人研究院有限公司、东莞先进光纤应用技术研究院有限公司、东莞北京航空航天大学研究院、广东东阳光药业研究院、宜安科技新材料研究院、东莞市三航军民融合创新研究院、东莞广州中医药大学中医药数理工程研究院、东莞华南设计创新院、北京大学东莞光电研究院、东莞电子科技大学电子信息工程研究院、东莞华中科技大学制造工程研究院、东莞中国科学院云计算产业技术创新与育成中心、东莞材料基因高等理工研究院、东莞松山湖国际机器人研究院、广东省智能机器人研究院、东莞暨南大学研究院、清华东莞创新中心、东莞中子科学中心、东莞市清洁生产科技中心、东莞同济大学研究院、虎门服装技术创新中心、广东华南工业设计院、华南协同创新研究院、东莞市横沥模具产业协同创新中心、南方医科大学松山湖动物实验研究院、广东电子工业研究院、东莞中山大学研究院

续表

城市	新型研究机构
中山	中山万远新药研发有限公司、中山市永恒化工新材料研究院有限公司、中山云超算软件科技研究院有限公司、中山市武汉大学技术转移中心、广东汉唐快速制造应用技术研究院有限公司、中山大学公共卫生学院中山研究院、中国科学院药物创新研究院中山研究院、棕榈生态园林研究院、广东明阳风电产业集团风电技术研究院、中山市武汉理工大学先进工程技术研究院、中山北京理工大学研究院、中山市国林沉香科学研究所、中山市华南理工大学现代产业技术研究院
江门	广东南大机器人有限公司、江门市智能装备制造研究院有限公司、江门市大健康国际创新研究院、广东科杰机械自动化研究院、广东华南精细化工研究院、广东华科新材料研究院、广东广天机电工业研究院
肇庆	封开低频时码授时台、肇庆市珈旺环境技术研究院、肇庆市华师大光电产业研究院、智能制造研究院（肇庆高要）有限公司、华农（肇庆）生物产业技术研究院有限公司、风华电子研究院
香港	汽车零部件研发中心、香港应用科技研究院、物流及供应链多元技术研发中心、纳米及先进材料研发院、香港纺织及成衣研发中心
澳门	下一代互联网技术创新中心、澳门创新中药与产业化技术创新中心、澳门金融科技创新研究院、澳门会计研究中心、澳门法律与金融研究中心、澳门拉丁美洲研究中心、太空科学研究所、澳门转化医学研究所、澳门药物及健康应用研究院、澳门药物及健康应用研究院、可持续发展研究所、澳门建筑与城市规划研究院、澳门中药资源经济研究所

（五）珠海深圳专利授权量多，广州科研产出及转化能力高

1. 珠海市专利授权量居大湾区首位，深圳国际专利授权量全国第一

近年来，大湾区内地九市发明专利总量已居世界首位。2022 年，广东省专利授权 83.73 万件，累计 PCT 国际专利申请量 25.76 万件，占全

国总量的46.71%[1]，专利授权量和累计PCT国际专利申请量均居全国首位。其中，深圳市国内专利授权27.58万件，居北上广深首位，PCT国际专利申请量15892件，远高于北京、上海，连续19年居全国大中城市第一；佛山市专利授权量突破10万件，获评知识产权强市建设示范城市。但大湾区专利产出区域分布不均衡、各区域差别明显，2022年珠海市专利授权量远超深圳，是东莞的3倍，但发明专利授权量远不及东莞，东莞的PCT国际专利申请量是珠海的8倍；中山、惠州、江门、肇庆专利授权量不足5万件，PCT国际专利申请量也低于全省平均水平（见表3-13）。

表3-13　　2022年粤港澳大湾区内地九市专利申请情况

城市	专利授权量（万件）	发明专利授权量（件）	PCT国际专利申请量（件）
广州	14.69	27604	—
深圳	27.58	27600	15892
东莞	9.56	10700	4224
佛山	10.64	8607	924
珠海	27.76	6188	524
中山	4.33	1939	178
惠州	2.76	2092	303
江门	2.05	1183	—
肇庆	0.90	672	23

数据来源：各城市国民经济和社会发展统计公报。

2. 广州市论文贡献份额居大湾区之首

从大湾区各地被收进WOS核心合集的论文来看，大湾区论文产出水

① 数据来源：《2022年广东省知识产权保护状况》。

平快速提升，2020年，大湾区共有109814篇论文被收录进WOS核心合集，约是2009年的5.6倍，广州是大湾区的主要知识产出地，论文数量远高于其他地区，占比达39.12%。从大湾区SCI发文量来看，2022年，大湾区各城市的SCI论文数可分为4个梯队，广州处于第一梯队，深圳和香港处于第二梯队，珠海、澳门、佛山、东莞处于第三梯队，其他城市则处于第四梯队。其中，广州SCI论文数达50672篇，居大湾区各城市之首，占大湾区SCI论文总数的比重高达48.19%①。从各城市论文贡献份额来看，广州市论文贡献份额居大湾区之首，2023年首次突破千位数，达到1113.07篇，增速高达29%。

3. 广州技术成交额全省第一，科技成果转化最为活跃

2022年大湾区以转让、许可、作价投资和技术开发、咨询、服务6种方式转化科技成果的总合同金额为121.0亿元，同比增长9.8%②。其中，广州和深圳的“双引擎”作用突出，2022年广州全年技术合同登记成交额达到2645.54亿元，同比增长9.63%，连续五年保持全省第一③。深圳市登记技术合同14685项，占广东省的三成，但深圳市吸纳技术合同是输出技术合同的2倍多，是技术成果的“虹吸地”。同为大湾区核心城市的香港和澳门的技术体量则较少，且技术吸纳总量高于技术输出，2022年港澳共输出300项，吸纳1382项④，主要由于港澳在大湾区中高校创新能力的比较优势突出（见表3－14）。

---

① 数据来源：《广州蓝皮书：广州创新型城市发展报告（2023）》。

② 数据来源：大湾区科技成果转化合同121亿元，超三成转化至制造业领域－粤港澳大湾区门户网（cnbayarea.org.cn）。

③ 数据来源：科技创新带动广州技术市场高质量发展——“2022广州技术合同年度榜单”发布－广州市科学技术局网站（gz.gov.cn）。

④ 数据来源：47791.02亿元！2022年度全国技术合同交易数据出炉－要闻－中国高新网－中国高新技术产业导报（chinahightech.com）。

表 3 - 14　　2022 年粤港澳大湾区五城市技术合同登记情况

城市	登记技术合同/项	输出技术合同/项	吸纳技术合同/项
香港	—	267	1317
澳门	—	33	65
广州	23389	22671	21394
深圳	14685	14033	34054
东莞	397	—	—

数据来源：各城市 2023 年统计年鉴。

三、粤港澳大湾区两区九市创新驱动高质量发展存在的问题

（一）制度梗阻尚未打通，创新要素跨境流动不畅

粤港澳的制度差异阻碍了三地人才、物资、资金等创新要素的流动：一是湾区内地科研人员到港澳进行学术交流及合作研究面临手续烦琐、办理时间长、可在港澳逗留时间过短等问题。二是由于通信管理、相关福利保障等多方面存在制度差异，较大影响了人才的流动。例如，湾区内地移动支付、电话卡、网约车等业务办理，港澳身份证号码格式无法通过实名认证；港澳人士在购买火车票、飞机票等业务上无法通过手机或网站等办理，必须去服务窗口；湾区内地与港澳医疗保障体系不同，导致部分港澳居民在内地无法享有与港澳地区一样高的社会保障福利。三是在专业资格互认方面，港澳专业人士除在金融、会计、税务、建筑等领域可直接在广东自贸区内执业外，其他领域专业资格互认和执业地点还存在限制。

（二）创新资源共享不足，创新资源共建共享受限

在资金支持方面，目前粤港澳层面尚未打破科创资金投入、项目协同管理方面壁垒，财政科研资金对港澳跨境拨付在地市层面难以衔接，科研资金跨市申领未实现完全开放。同时，粤港澳三地科研基金在管理模式、监管政策上存在差异，导致资金用途、经费报销以及事后审计等方面难以对接。香港的金融优势对湾区科技企业发展的支撑仍较弱，港澳企业、经济组织或个人到内地投资仍面临资质要求、持股比例、经营范围等准入限制。在平台建设方面，大湾区尚未建成科研设备共享服务平台等相关服务平台，科创资源跨区域供需对接缺乏公共渠道，导致跨区域科技资源流通不畅。在科研设备共享共用方面，目前内地九市大科学装置及重大科研基础设施均处于建设阶段或刚刚建成投用阶段，尚未就设备跨城市共享共用制定详细的管理措施；在小型科研设备转运方面，内地九市与港澳地区科研设备进出口存在制度壁垒。港澳高校和研究机构无法将科研设备直接转运至内地分校和研究分院，部分设备进出口规定相对严格，有关科研设备共用共享的规则和政策仍局限于部分设备类型，部分重要设备仍然被排除在外。

（三）应用研究投入较多，基础研究投入力度不足

目前，大湾区“9+2”城市科技创新整体偏重应用层，缺少对原始创新和基础研究领域的布局。在资金投入力度上，大湾区各城市基础研究投入力度较低，明显低于美国旧金山湾区、日本东京湾区基础研究经费15%—30%的占比。在制度设计上，大湾区仅有深圳、广州在基础研究方面出台了比较系统的政策文件，其他城市尚未就基础研究的资金支

持力度、项目申报、研究方向等内容制定详细安排。在人员投入方面，受制于既定的科研评价机制和大院大所制度安排，科研人员出于业绩考核、个人发展等方面考虑，难以长期开展基础研究。非科研业务、非基础研究任务挤占科研时间，导致基础研究领域人员投入长期不足。基础研究投入不足将长期影响大湾区原始创新能力的提升，制约关键核心技术突破。

（四）成果转化效率较低，与城市发展关联性不强

近年来，香港、深圳、广州、东莞、惠州等城市均大力推进大科学装置及重大科研基础设施建设，但依托大科学装置开展的前沿技术研究与城市主导产业发展存在“脱节”现象。一方面，惠州、东莞等城市战略性新兴产业处于起步阶段，产业主体以中小企业为主，技术转化能力有限，对前沿技术承接转化能力不足，难以实现创新成果的就地转化。另一方面，原始创新具有研发周期长、风险高的特点，香港、广州、深圳等城市高新技术产业快速发展，对关键领域“卡脖子”技术的需求十分迫切。企业为满足技术需求往往从全国乃至全球范围寻求技术供给，但无法与大湾区内科技创新成果“精准适配”，导致各城市科技创新与产业发展的融合衔接不够紧密，无法形成创新与产业“互链共进”的良好局面。

（五）创新人才培育滞后，高端人才留才难度较大

尽管在人才引进和人才培养方面大湾区已具备良好基础，但与世界一流湾区相比，人才吸引能力、人才集聚水平及人才整体质量仍存在差距。一方面，大湾区各城市之间人才发展不均衡。广州、深圳两地集中了大湾区近八成人才，竞争激烈，而其他城市则长期处于人才缺乏状态。

另一方面，港澳高端人才外流严重。目前大湾区内世界一流大学都在香港，其他城市高校科研能力相对较低。但近年来，由于香港就业环境日益严峻，大量高端人才流向欧美国家。2022 年前 7 个月，累计有约 19 万香港居民离开香港，较上年同期增加 2 万余人。高端人才不足严重影响了大湾区科技创新动能的提升。

（六）对外开放程度较低，科技创新国际合作有限

当前，大湾区各城市在国际科技合作方面都存在合作深度不足、合作机制不健全等问题。一是市场主体国际科技合作能力不强。内地九市大量科创企业长期关注国内市场，对海外市场的研究和开发投入相对较少，导致企业在国际市场的竞争力不足，难以形成具有国际竞争力的产品和品牌，也导致大湾区科技创新全球影响力偏低。二是合作主体匮乏。大湾区开展国际科技合作的创新主体主要包括高校和科技创新型企业，而园区和政府牵头开展的国际合作项目数量十分有限。一方面，园区及地方政府对接国际创新主体的能力不足，另一方面，园区、地方政府层面对国际科技合作的激励机制不健全。三是国际合作深度不足。国际交流合作仍停留在活动层面，实质性技术转移落地合作不足，合作方式也以技术购买“交易式”合作方式为主，在联合开展科技研发、早期技术突破方面合作较少。

第四章　粤港澳大湾区创新驱动高质量发展的典型模式

近年来，大湾区积极落实国家关于科技创新的战略部署，以科技创新推动地区高质量发展，以重大科技基础设施建设、科技创新平台建设、科技攻关、国际合作为抓手，探索形成了一批典型发展模式。

一、基建驱动模式：引进重大科研基础设施，吸引国内外顶尖科研要素集聚，以高水平研发创新引领高质量发展

基建驱动模式主要是通过开展大科学装置、重大科技创新平台等基础设施建设，吸引国内外顶尖科研团队、创新型企业、创投资本等资源要素向区域集聚。以基础研究、原始创新及关键技术攻关加速形成区域科技创新及产生技术优势，推动地区社会经济实现高质量跨越式发展。

（一）东莞依托大科学装置建设，打造“科技创新 + 先进制造”发展模式

东莞市依托我国首台脉冲式散裂中子源大科学装置—中国散裂中子

源，深入推进大湾区综合性国家科学中心先行启动区建设。在科技基础设施建设方面，东莞市以松山湖科学城为据点，布局打造了南方光源研究测试平台、松山湖实验室、阿秒科学中心等重大科技创新平台设施。依托创新平台资源，松山湖科学城加速引进香港城市大学（东莞校区）、大湾区大学（松山湖校区）等高水平教育资源集聚，大幅提升东莞市教育、科研水平；培育引进新型研发机构近30家，引育市级以上工程中心和重点实验室超过300家。在产业发展方面，松山湖科学城吸引了一批龙头企业集聚，如华为布局建设的全国首个“开发者村”，以ICT技术联本地企业，推动数字技术与东莞产业深度融合；建设生物医药基地产业园、新材料产业技术研究院等，推动新能源及新能源汽车、生物医药、新材料等产业增速分别达到27%、22%、16%。自2018年大科学装置建成投用以来，中国散裂中子源已完成课题1000余项，其中“多孔介质燃烧系统”项目实现商业化应用；自研台阶仪实现了国产化零的突破。2023年，我国首个缪子源——中国散裂中子源缪子源实验站（MELODY）在松山湖科学城加紧建设。该站建成后，将在凝聚态物理、磁性材料、新能源材料、超导材料等领域发挥重要作用，进一步提升东莞市乃至大湾区的科技创新能力。

（二）惠州依托大科学装置打造能源科技创新中心，加快推进新兴产业发展

2020年，中国科学院在惠州布局建设了加速器驱动嬗变研究装置和强流重离子加速器两大科学装置。依托中科院“两大科学装置”，惠州市积极整合全市能源产业资源及创新资源，建设现代物理与能源实验室、东江实验室等省级实验室，聚焦先进核能系统、化石能源清洁高效利用技术、核能技术应用等科研领域，引进中科院院士、中国工程院院士等

一批国内外顶尖科研团队，聚焦惠州能源产业发展需求推动科研成果转化。在促进前沿技术产业化方面，惠州市依托东江实验室建立了全资成果转化平台——“广东东江惠能技术发展有限公司”，搭建研发孵化平台、成果转化中心等载体，围绕重离子微孔膜、石化新材料、新型储能等领域大力推进技术产业化，支持地区新能源、新材料、核医疗等产业发展。同时，在与大科学装置临近的惠南高新科技产业园设立“重离子微孔膜污水处理”等技术创新示范基地，培育创新型企业，通过政府购买服务的形式将新技术应用于地区黑臭水体治理等公共服务领域，在打造新技术应用场景的同时推进地区绿色发展。

二、平台推动模式：健全科技创新服务平台，促进创新资源要素整合，以创新成果应用推动区域高质量发展

平台推动模式一般通过打造科技创新研发平台、公共服务平台、成果转化平台、资源共享平台、创业孵化平台等一系列平台体系，营造区域创新生态，促成科技创新供需对接，加速创新成果在产业发展、民生保障、社会治理、生态环保等领域的应用，实现以科技创新赋能区域高质量发展。近年来，深圳、佛山、珠海等城市大力推进科技创新平台体系建设，形成了一系列特色化发展模式。

（一）深圳建立健全科技创新平台体系，促进创新成果赋能城市社会经济发展

在民生保障领域，深圳市积极打造“鹏教智能共同体”平台，深化

数字技术在教育领域的应用。以“互联网+”形式，打造“1+N”云端学校，以“直播互动+智能辅助”、全国知名专家线上辅导等形式开展云端教学；实现全市教育教学数据流通、标准贯通，建立全市数字化教育治理体系；建立基础教育首席信息官（CIO）制度，建立健全智慧教育人才梯队。在制造业数字化发展方面，深圳市推出企业技术改造项目扶持计划，开辟企业技术改造项目专项资金，先后培育出华为“Fusion Plant”、腾讯“We Make”等5个工业互联网“双跨”平台，以及一批专业型特色型工业互联网平台和工业APP解决方案，推动5000余家规上工业企业“上云上平台”。在现代服务领域，深圳市布局打造了“深圳市知识产权金融公共服务平台”“深圳市创业创新金融服务平台”“大浪（华为）时尚产业数字创新中心”等平台矩阵，助力深圳现代服务业产业链创新发展。深圳市通过健全科技创新平台体系，打通前沿技术与产业发展、民生保障和公共服务之间的转化应用渠道，促使科技创新成果加速融入社会经济发展中。

（二）广州完善科技创新基础设施平台体系，推进大湾区信息化智能化发展

近年来，广州市大力建设“2+2+N”科技创新平台体系。例如，聚焦“深海”“深空”领域，推动冷泉生态系统研究装置、智能化动态宽域高超声速风洞、极端海洋动态过程多尺度自主观测科考设施等大科学装置在南沙科学城明珠科学园集聚；实施“人体蛋白质组导航”国家大科学计划，引进人类细胞谱系大科学研究设施、“人体蛋白质组导航国际大科学计划”国际总部常设机构等入驻广州国际生物岛；建成国家超级计算广州中心，实现大湾区城市高端算力全覆盖。又如，积极打造广州国家实验室、大湾区国家技术创新中心等重大创新平台，聚焦生物医药、

人工智能、数字经济、海洋工程、农业等领域，引进国内外地区科研团队开展科研合作。同时，依托大科学装置和高能级实验平台，引进中国科学院、复旦大学等国家级大院大所和顶尖高校落户，积极推进国家纳米科技创新研究院、中国科学院力学研究所广东空天科技研究院等10余家高水平创新研究院建设，带动新兴产业发展。目前，广州已成为全国唯一一个聚集全类型国家级重大科研平台和项目的城市，在生物医药、新材料、工程设计与仿真分析、天气预报、智慧城市等多个领域形成了一批科研成果。

（三）佛山打造高能级科技创新服务平台，促进战略性新兴产业高质量发展

佛山市是全国唯一一个制造业转型升级综合改革试点城市。2022年7月，佛山市提出打造“十大创新引领型特色制造业园区”的发展目的，围绕主导产业制定“一园一策”，搭建高能级科技创新平台。例如，佛山云东海生物医药产业园2022年建成落地广东省药品监管综合改革云东海先行区以及省药品检验所云东海实验室、广东省医疗器械质量监督检验所云东海实验室、广东省药品监督管理局审评认证中心云东海工作站等5个省级平台，并布局打造P3实验室、高水平临床研究中心、高水平医学动物实验中心、纳米中试平台、医疗器械检验大楼、动物安评中心、GLP实验室、审评认证中心等创新载体，将园区建设成为全省唯一的生物医药产业公共服务中心。目前，园区已成功引入全国重点实验室——“疫苗及生物制品质量检测与评价重点实验室”，为企业提供疫苗和生物制品质量检验检测等服务。通过打造高能级创新平台体系，园区吸引了150余个产业项目集聚，其中部分项目实现了生物制药产业关键“卡脖子”技术突破，有效地促进了佛山生物医药产业集聚发展。

三、技术攻关引领模式：统筹开展关键技术攻关，加快关键核心技术突破，以重大项目为牵引推进高质量发展

技术攻关引领模式主要通过系统梳理地区产业发展、社会治理、公共服务、民生保障等方面的核心技术需求，政府牵头通过揭榜挂帅、定向研发等模式，引导研发主体有针对性地开展研发工作，在短时间内突破制约社会经济发展的“卡脖子”技术难题，破解科技创新与社会经济发展“两张皮”的问题。近年来，广州、深圳、中山等城市积极推进以需求为导向的科技攻关，探索出以科技攻关引领城市高质量发展的路径模式。

（一）广州实施重点领域研发计划，推动重点产业技术追赶全球领先水平

2019 年以来，广州市大力开展重点领域技术攻关。例如，2021 年广州市制定实施了重点产业领域“链长制”，发布了 21 条重点产业链“链主”企业清单，结合“链主”企业配合编制的产业“创新链”，编制《广州市科技创新“十四五”规划》，进一步明确了核心技术攻关的任务目标。2023 年 3 月广州市印发《广州市重点领域研发计划优化提升方案》，由市科技局每年选取不超过 10 个重点产业方向，以“定向组织”方式为“链主”企业给予关键技术攻关财政科技经费支持。2019 年以来，广州市在重点产业领域技术攻关方面成效显著，2019—2021 年共组织开展 12 个重点专项，立项关键技术攻关项目 21 个，在集成电路、新材料、

智能与新能源汽车、海洋经济等重点领域取得一批突破性成果，在车规和通信半导体、燃料电池膜电极、5G射频模组等领域逐步实现国产替代和规模化应用，新能源汽车领域高容量电池技术、快速充电技术、换电技术达到全球领先水平。

（二）深圳布局重大科技专项，积极探索关键核心技术攻关新路径

近年来，深圳市把科技自立自强作为城市发展的战略支撑，积极探索关键核心技术攻关新型举国体制的“深圳路径”，以科技创新引领区域经济高质量发展。在基础研究方面，2022年深圳市出台了《基础研究十年行动计划》，聚焦数理科学与交叉前沿、合成生物学、新一代信息与计算技术等12个重点领域，将不低于30%的市级科技研发资金投向基础研究。同时，引进中国首个资助基础研究、纯公益性的腾讯新基石科学基金会，出台《深圳市促进重大科技基础设施和大型科研仪器开放共享管理办法》，引导社会力量通过设立基金、捐赠等方式投向基础研究。在核心技术攻关方面，深圳围绕光通信、超高清视频、高端数控机床、集成电路基础材料等重点领域，布局实施100多个关键核心技术攻关项目，成立重大科研平台自主攻关专项资金，重点扶持前沿技术预见研究、基本原理探索和技术概念验证、核心技术攻关和工程化验证、重大科学仪器设备自主研发、前沿交叉研究平台建设等5类攻关项目。通过集中开展核心技术攻关，深圳取得了一系列关键技术突破。例如，成功研发全国首台ECMO（体外膜肺氧合），打破欧美国家高端医疗装备领域技术垄断；自研崖山数据库系统，实现内核代码自主率100%，解决我国数据库系统“卡脖子”问题，通过打通技术“堵点”，推动深圳战略性新兴产业加速布局。

（三）中山开展重大科技专项机制改革，深入实施产业提升“揭榜挂帅”

为促进传统优势产业转型升级，中山市于2020年起启动了重大科技专项——传统产业改造提升专题“揭榜制”。揭榜制分为技术攻关类和成果转化类两种：技术攻关类由中山市龙头骨干企业提出，面向高校、科研机构、科技型中小企业或其组织的联合体（关联交易方除外）进行揭榜攻关；成果转化类由科研机构提出，面向全市有技术需求和应用场景的企业进行揭榜转化。2020年开始，中山市每年从战略性产业集群和特色产业集群中遴选不超过5个产业集群，面向产业主体征集关键核心技术攻关项目和科技成果转化项目。符合条件的纳入中山市年度重大科技项目，之后由市科技局牵头组织张榜企业、揭榜申报主体及专家评审团队就攻关项目开展对接洽谈、论证揭榜。2022年，中山市累计安排了2.87亿元财政资金支持企业科技创新，围绕新一代电子信息、高端装备制造、生物医药、人工智能与数字经济等产业集群薄弱环节开展关键核心技术攻关，立项“揭榜制”项目5项、“战略性新兴产业技术攻关”项目20项，第一批揭榜制“移动互联网用户行为采集分析与可靠性保障平台”“适用于广东省季节/天时的广式酱油生产工艺多参数动态模型”等项目已顺利结项投产，大幅提高了企业生产效率，对中山市产业高质量发展起到重要促进作用。

四、国际合作促进模式：深化科技创新合作与人才交流，集聚全球高端资源，以深度国际合作促进高质量发展

国际合作促进模式主要通过建设高水平科研设施、打造国际科技创

新合作交流平台、开展国际科技创新交流活动等举措，推动区域形成接轨国际的创新生态，从而吸引全球高水平科研人才、科研机构、创新型企业向区域集聚，利用国际科技创新资源赋能地区社会经济发展。例如，江门、澳门、香港等城市依托其对外开放“门户窗口”优势及海外华侨资源，多措并举引进海外产业与创新资源，为区域高质量发展提供持续动力。

（一）江门充分发挥华侨华人资源优势，构筑全球化引资、引技、引智高地

江门市通过打造“侨梦苑”核心区，以华侨资源为依托，引侨资、聚侨力、汇侨智，打造华人华侨在大湾区的创新创业高地。在华侨资源对接引入方面，建立侨梦苑投资服务中心，设立跨境通专门服务窗口，采取“远程视频 + 自助服务 + 人工服务”的方式，为华侨开办企业提供侨务、金融、产业等方面指导服务；打造全国首个便利华侨华人投资税收服务中心和线上服务平台，设立税收服务中心综合办公室、涉税法律办公室和侨务智囊服务团，为华侨华人提供税费政策解读、办税服务指引、复杂涉税难题处理等专业服务。在产业对外发展方面，江门市布局打造了中欧（江门）中小企业国际合作区，主动对接海外华侨资源，与中国法国工商会、德国中小企业联合会、独联体科技产业合作联盟等国内外 17 个重点商（协）会建立联系，支持海内外投资主体在合作区内开办欧资企业。截至 2023 年 6 月，已批准设立欧资企业 159 家，吸引巴斯夫、英国石油等一批世界 500 强企业落户，投资总额超过 151 亿美元。

（二）澳门主动对接“一带一路”国家创新资源，打造大湾区对外开放重要门户

在国际创新合作方面，澳门特区定期开展葡语国家科创企业参访考察团活动、横琴国际科技创新创业大赛、巴葡—大湾区创新共融交流会等创新创业活动，引进葡语系国家创新主体，促进跨境科技合作。2023年，澳门特区与珠海市共建“中国—葡语系国家科技交流合作中心”，与广西东盟技术转移中心、中国—拉美和加勒比国家技术转移中心、中国—拉美经贸一体化服务平台签署合作协议，未来还将进一步加强大湾区与葡语系国家在科技成果转化、创新创业等方面的合作联动。在产业资源对接方面，澳门特区已连续20年举办中葡论坛，积极对接全球葡语国家，协助葡萄牙、巴西等国的科技创新企业落户大湾区。在高校合作方面，澳门特区政府成立了“一带一路”奖学金，支持“一带一路”国家留学生教育基础设施建设，以及经济贸易、信息通信等相关学科建设吸引一批优秀技能人才在中国学习、就业；举办中国与葡语国家的高校校长论坛，开展国际高校科研合作。在金融对外开放领域，澳门特区应用云计算、区块链等数字技术，加快发展现代金融服务，试点推动广东与葡语国家贸易由澳门金融机构以人民币结算，打造澳门人民币清算行跨境支付系统，建成葡语系国家人民币清算中心。通过全方位打造对外开放创新环境，吸引海内外科创资源在澳门特区汇聚、碰撞，赋能大湾区发展。

（三）香港积极引进国际科技创新资源，加快建设国际科创中心

2020年香港发布《香港创新科技发展蓝图》，布局推动香港建设国际

科创中心的四大方向，具体包括完善香港科创生态，建设国际人才高地，建设智慧香港，拓展全球科创合作等。在引进国际人才方面，香港提出“杰出创科学人计划”，资助大学聘任国际知名科创学者和其团队来港进行教研工作；协助大学联合计算机中心应用区块链技术试行网上通用专上教育学历验证平台；新增“粤港澳大湾区青年创科产业实习计划”，为香港青年在内地顶尖科技企业总部实习提供机会。在对接国际科技资源方面，2023 年深圳香港联合举办世界科技与发展论坛，依托香港高校国际合作资源，邀请来自 20 多个国家和地区的约 200 名世界知名科学家、教育家、经济学家和企业家等嘉宾出席，在全世界范围内遴选出具有巨大潜力的创新技术，共议全球科技创新前沿趋势。在开展全球科技合作方面，以香港科学园为空间载体，积极引进国际顶尖科创企业在园区设立亚太区域总部及全球研发中心（分中心）；布局建设医疗科技创新平台“Health@ InnoHK”和人工智能及机械人科技创新平台“AIR@ InnoHK”，打造全球一流的专业化共享实验设备、实验室、科研办公室、会议展览场地及共享办公空间，吸引全球 12 个经济体的 2000 余名高水平研究人员在香港集聚，与香港本地大学和研究机构在人工智能、机械人和医疗科技方面开展高水平科研合作；通过承办世界人工智能大会（WAIC）香港分会场等国际知名科研活动，不断营造国际化创新氛围。

五、经验启示

（一）发挥重大科研基础设施的引领作用

充分借鉴东莞、惠州等地发展经验，一方面积极引进重大科研基础设施在大湾区落地建设，同时在大科学装置、重大科研基础设施周边，建设产业园、科学城等产业空间载体，促进与科研基础设施相关产业要素集聚发展。另一方面加快推进内地九市与港澳重大科研基础设施、重大科研平台的共享共用，以科研基础设施共享带动区域创新要素、产业要素自由流动，促进产业向相关领域创新资源最集中的地区集聚，实现区域产业差异化发展。此外，积极开展境外科研机构使用大湾区大科学装置试点，打通境外科研机构参与大湾区科研基础设施共享共用的路径机制，依托港澳对外开放窗口，借助重大科研基础设施吸引海外创新资源向内地集聚。

（二）建立健全科技创新服务平台体系

充分借鉴深圳、佛山、广州等城市发展经验，完善科技创新相关服务平台，促进科技创新与社会经济发展紧密结合。一方面，鼓励建设高能级研发平台，结合城市产业发展方向，加快建设国家级、省级创新平台，大力发展新型研发机构、产学研创新联合体等。另一方面，完善科技创新相关服务平台，通过打造重大科研设施共享平台、科研数据公共服务平台、区域科技成果转化平台等，提升区域科技公共服务支撑能力，促进科技创新供需对接，打造区域一体化的科技大市场，为创新主体、产业主体提供优质、高效的公共服务。同时，根据产业发展、民生保障、社会治理等方面需要，布局一批技术应用型平台。例如，在民生保障方面，布局建设智慧教育公共平台、智慧医疗公共平台、智慧交通大数据平台；在社会治理方面，布局建设数字政务服务平台、知识产权服务平台、数字法庭、数字海关等一系列平台，促进新技术在经济社会各领域深度应用。

（三）统筹布局关键核心技术协同攻关

广州、深圳、中山市发展经验表明，聚焦地区社会经济发展需求，有目的地开展技术攻关，有利于加速推进地区战略性新兴产业发展，促进主导产业快速提升发展能级。然而，当前大湾区层面缺乏整体性的核心技术攻关统筹布局。一方面，城市间创新资源的协同共享不足，导致攻关项目相关的创新资源调配不足，影响技术研发效率。另一方面也存在相同技术领域各城市“各自为政”，重复投入的问题，造成创新资源浪费。因此，借鉴广州、深圳开展核心技术攻关经验模式，在整个大湾区层面统筹布局区域核心技术攻关任务：一是根据各城市创新能级和资源禀赋，科学制定开展技术攻关的任务重点；二是鼓励各市优化科技财政支出结构，加大基础研究及核心技术攻关资金投入；三是促进城市间研发创新资源共享共用，统筹调配关键核心技术攻关的创新资源。

（四）深化开放合作促进全球高端创新资源集聚

借鉴江门、澳门、香港等城市的发展经验，持续提升大湾区对外开放水平。一是建设更多国际科技交流合作平台。支持各类创新主体依托平台开展国际科技交流合作，通过引进国际知名学术研讨会议、国际科创赛事等形式，吸引全球顶尖科研主体在大湾区集聚，营造国际化创新氛围。二是促进对外开放与产业发展相结合。通过建设国际合作创新园区、引进全球知名企业、支持企业建设跨国研发中心等方式，引育外资创新型企业。三是开展全球科技招商。发挥大湾区科技创新资源优势，吸引海外创新主体到大湾区开展研发合作，促进研发成果就地转化。四是加强国际高校合作，鼓励大湾区高校与全球知名高校开展合作办学，引进培养高层次国际科技人才。

第五章　粤港澳大湾区创新高地建设的现状与问题分析

作为我国开放程度最高、经济活力最强的区域之一，大湾区在国家发展大局中具有重要战略地位，拥有丰富的教育和人才资源、产业链供应链集成创新的韧性和弹性、经济规模优势和支撑创新的财力以及国家赋予的特殊政策优势，为打造世界级创新平台和战略高地奠定坚实基础。目前，大湾区已形成多点群发、错落有致、各具特色的创新高地，全力打造大湾区“创新生态”体系。

一、创新高地内涵特征及构成

（一）创新高地内涵和分类

1. 创新高地的概念起源

全球科技中心、创新高地及相关概念最早可追溯到英国学者的研究中，贝尔纳在揭示科学进步在世界范围内不均衡增长的基础上，刻画了

"世界科学活动中心"随时间流动的概貌①。随后世界科学活动中心的概念被加以引申，相继提出了世界科学中心、世界科技中心等相近的概念②，描述不同时期科技创新活动在世界范围内的非均衡分布。20 世纪 80 年代，随着硅谷、波士顿、慕尼黑和班加罗尔等一批具有世界影响力的科技活动中心或新兴产业中心的异军突起，学术界技术创新中心、创新枢纽城市、科技创新中心城市、创新高地、增长极与动力源等概念被相继提出，以描述区域层面创新活动发展的空间异质性特征和新趋势。1985 年，Lundvall③ 提出"创新系统"概念，认为打造创新高地需开展关系网络、制度安排等系统性设计。Braczyk 等④基于创新系统理论提出了"区域创新系统"的概念，认为在一定空间范围内促进企业、高校、科研机构等多元创新主体的交流与合作，是构建区域性创新高地的重点内容。Simme⑤ 进一步研究提出，区域创新系统包含五大要素，即生产企业群、创新人才培养机构、研究机构、政府机构和创新服务机构。

2. 我国学术研究领域创新高地的理论论述

国内学者对创新高地的研究成果较丰富。何冬妮等（2023）认为，创新高地通常指科创要素聚集、科创成果及成果转化密度高、高科技产业集聚发展的区域，区域科创高地在破解国家"中等技术陷阱"难题、

① BERNALJD. 历史上的科学［M］. 伍况甫，等译. 北京：科学出版社，1959.

② 杜德斌，何舜辉. 全球科技创新中心的内涵，功能与组织结构［J］. 中国科技论坛，2016（2）：6.

③ Lundvall B Å. Product Innovation and User – Producer Interaction. Aalborg：Aalborg University Press，1985.

④ Braczyk H J，Cooke P，Heidenreich M. Regional Innovation Systems：The Role of Governances in a Globalized World. London：Routledge，2003.

⑤ Simme J. Innovation networks and learning regions? // Wiig H，Wood M，eds. What Comprises a Regional Innovation System. London：Routledge，2004：66 – 100.

提升国家创新能力方面应发挥不可替代性作用①。林思达等（2022）认为，科创高地的显著标志是创新资源和创新型产业的高端集聚和引领，核心特征是具有先进的创新理念、原创思想和良好的创新创业文化②。王涛等（2022）认为，区域性创新高地是指以创新型企业和各级各类技术研发机构等创新主体为主要依托，以技术研发人员、技术转移转化平台和风险投资等科技创新要素为支撑，以知识应用、新技术研发、新产品生产和新兴产业创新发展为核心功能，以培育具有国际竞争力的高科技企业和战略性新兴产业集群为任务使命，以特定科技园区为核心承载区、以城市为功能配套区，产学研一体、辐射带动周边区域技术产业升级和高质量发展的区域创新体系基础平台③。

综上所述，创新高地是基于科技创新活动的空间异质性特征演化而来的经济地理概念，是在一定范围内科创要素集聚，科创成果及转化密度高，高科技产业集聚发展的区域，对区域整体发展具有技术引领及辐射带动作用。理论界尚未形成创新高地的统一评价标准，在概念定义、构成要素和功能定位等方面仍有待探讨。但学术界普遍认为，重大科技基础设施群是创新高地的关键硬件依托，前沿基础研究、重大技术突破、产业创新发展是创新高地的核心功能，开展原始创新、取得原创性突破，提升区域科技创新国际竞争力、引领区域创新发展是创新高地的重要使命。

3. 我国宏观政策层面对创新高地的内涵界定

（1）创新高地的分类。2016 年《“十三五”国家科技创新规划》（以

① 何冬妮，易达．跨越“中等技术陷阱”：区域科创高地的角色与作用［J］．中国科学院院刊，2023，38（11）：1685－1697.

② 林思达，姜慧，张皓等．共同富裕示范区科创高地建设关键共性科技伦理风险研判及治理——基于文献综述与案例分析［J］．科技管理研究，2022，42（14）：229－234.

③ 王涛，王帮娟，刘承良．综合性国家科学中心和区域性创新高地的基本内涵［J］．地理教育，2022，（8）：7－14.

下简称《规划》）提出“要以打造区域创新高地为重点带动提升区域创新发展整体水平”，“打造区域创新高地”专章对创新高地的分类进行了系统论述：一是建设具有强大引领作用的全国科技创新中心，构筑全球开放创新高地；二是推动国家自主创新示范区和高新区创新发展，加强国家农业科技园、国家现代农业科技示范区建设；三是建设国家综合性科学中心，打造若干具有强大带动力的区域创新中心；四是在广东等 8 个区域开展系统性、协同性全面创新改革试验，推动形成若干区域性改革创新平台（见表 5－1）。

表 5－1　我国创新高地主要类型

创新高地类型	主要代表	主要特征和功能定位
“3＋3”科技创新中心	“3”大国际科技创新中心：北京、上海、粤港澳大湾区；“3”大具有全国影响力科技创新中心：成渝、武汉、西安	在全球或某一国家之内，在科学研究、技术开发和产业创新等方面占据领导和支配地位的城市或城市群，具有创新资源密集、创新成果丰富、科技要素在战略性新兴产业或未来产业发展中能发挥关键作用等发展特征，是科学中心、技术中心和产业中心的融合。
国家自主创新示范区和国家级高新区	北京中关村、上海张江、武汉东湖等全国 23 家国家自主创新示范区以及 178 家国家级高新区	作为创新驱动发展模式的“试验地”，自创区和高新区需充分发挥创新资源优势，加快改革与发展，全面提高自主创新和辐射带动能力。
综合性国家科学中心	北京怀柔、上海张江、大湾区、安徽合肥、陕西西安	以高水平大学、科研院所和高新技术企业等深度融合为依托，布局建设一批重大科技基础设施、科教基础设施和前沿交叉研究平台，组织开展高水平交叉前沿性研究，产出重大原创科学成果和颠覆性产业技术。

续表

创新高地类型	主要代表	主要特征和功能定位
全面创新改革试验区	1个跨省级行政区域（京津冀）、4个省级行政区域（上海、广东、安徽、四川）和3个省级行政区域的核心区（武汉、西安、沈阳）	围绕国家区域发展战略的总体部署，开展系统性、整体性、协同性的全面创新改革试验。具有创新成果多、体制基础好、转型走在前、短期能突破的区域发展特征。

（2）创新高地的区域分布。《规划》提出，重点支持北京上海建设具有全球影响力的科技创新中心，依托北京、上海、安徽等大科学装置集中地区建设国家综合性科学中心。2020年10月，党的十九届五中全会明确提出布局建设综合性国家科学中心和区域性创新高地，支持北京、上海、粤港澳大湾区形成国际科技创新中心。《中华人民共和国国民经济和社会发展第十四个五年规划和2035年远景目标纲要》（以下简称国家《“十四五”规划纲要》）提出，支持北京、上海、粤港澳大湾区形成国际科技创新中心，建设北京怀柔、上海张江、大湾区、安徽合肥综合性国家科学中心。2016年至今，国家层面对创新高地的布局不断拓展，已确定的创新高地包括国际科技创新中心、综合性国家科学中心、国家自主创新示范区、高新区、区域科技创新中心等类型。大湾区作为创新高地的战略作用不断增强。新时期，区域创新高地多地开花，正在形成各具特色的区域创新增长极和主体功能明确、优势互补、高质量发展的区域创新布局。

（二）创新高地的发展特征

创新高地是我国建设世界科技强国系统部署的重要一环，习近平总书记多次在重要讲话中提到建设创新高地相关任务部署，明确了现阶段创新高地应具有的重要特征及战略发展目标。2021 年 3 月，习近平总书记在《求是》杂志上发表重要文章《努力成为世界主要科学中心和创新高地》，提出中国要强盛、要复兴，就一定要大力发展科学技术，努力成为世界主要科学中心和创新高地。同年 9 月，习近平总书记在中央人才工作会议上强调，深入实施新时代人才强国战略，加快建设世界重要人才中心和创新高地。基于此，本研究认为当前时期建设创新高地应具备以下特征。

1. 开放流动的创新资源要素

创新高地，首先应集聚高能级创新资源。一方面，创新高地应具有先进的创新基础设施，近年来全国各创新高地纷纷加快布局建设大科学装置，高标准建设国家实验室，打造创新创业载体。另一方面，创新高地不仅是“创新要素池”，还是创新要素流动的“控制阀”。例如，广州、深圳、香港等集聚了大量高校、大院大所、世界百强企业、独角兽企业、高层次科技服务企业等承载技术、信息、人才、资本等创新主体，已具备较强的创新高地属性，不仅掌控价值链中的高端研发与设计环节的诸多节点，主导着新技术和新产业的发展方向，还能通过研发活动，全方位整合利用区域内创新资源，控制资金技术、人才和信息等创新要素流动方向，支配研发创新资源的空间配置。

2. 高质量的科技供给水平

持续提供高质量科技成果是国家、区域层面对创新高地发展的基本要求。其一，创新高地是国家、区域层面重要的原始创新策源地。要发挥创新高地在基础研究方面的引领性作用，开展前瞻性基础研究，实现引领性原创成果重大突破；同时，依托重大科技项目，打通基础研究与产业化的链接渠道，实现基础研究成果的快速转化。其二，创新高地是关键产业技术的发源地。要重点在关键共性技术、前沿引领技术、现代工程技术、颠覆性技术创新方面，提升技术供给能力，实现关键核心技术自主可控，以创新高地引领区域科技水平从跟跑向并行、领跑转变，创造更多竞争优势。

3. 充满活力的科技体制

创新高地应积极开展科技体制改革创新，最大限度解放和激发科技创新活力。一方面，创新高地要通过技术创新体系顶层设计，明确企业、高校、科研院所等创新主体在创新链不同环节的功能定位，激发各类主体创新激情和活力；另一方面，创新高地应通过深化推进科研经费使用和管理方式改革，完善科技创新成果评价机制等，最大限度激发区域科技创新的活力。

4. 高度集聚的创新人才资源

人才是科技创新的第一资源，创新高地具有高端人才高度集聚的典型特征。创新高地一方面通过打造人才服务平台，开展人才发展体制机制综合改革试点，为人才提供国内领先的生活服务及国际一流的创新平台，吸引国内外人才在创新高地集聚；另一方面，充分依托创新高地集中的高校资源、科研资源及新兴技术应用场景，营造人才培育的良好环境，逐步发展成为区域人才自主培养高地，在关键领域培养大批科技创新人才。

5. 较强的区域辐射外溢能力

创新高地作为国家创新体系中的节点枢纽，发挥着创新“增长极”的作用，具有较强的区域辐射和外溢能力。这一方面表现为创新高地的

“区域性”，即通过整合区域创新资源与创新型产业资源，促进区域多主体协同创新与产业链协同组建产学研联盟、行业协会、产业链联盟等，促进区域内创新型产业协同发展；另一方面表现为创新高地的“引领性”，通过实现科技成果的高效转化，促进高新技术产业集聚发展，超前布局、大力发展一批战略性新兴产业集群，逐步构建区域产业体系新支柱，促进区域产业迈向全球价值链中高端，打造带动区域产业创新发展的能量源。

6. 深度参与全球科技治理

全面提升我国在全球创新格局中的位势是新时期国家赋予区域创新高地的战略任务之一。创新高地要引领国际科技交流合作，积极利用国际创新资源全方位加强国际科技创新合作，深度融入全球科技创新网络，积极参与和主导国际大科学计划和工程，主动发起和组织国际科技合作计划，不断提高我国在全球科技治理中的影响力和规则制定能力。

二、粤港澳大湾区创新高地布局与建设成效

在国家打造区域创新高地的战略安排下，国家《“十四五”规划纲要》明确提出支持大湾区建设国际科技创新中心。《粤港澳大湾区发展规划纲要》（以下简称《纲要》）也提出了建设国际科技创新中心的发展目标。近年来，大湾区各城市均积极推进区域创新高地关键节点建设。

（一）粤港澳大湾区创新高地建设布局

《纲要》中关于“建设国际科技创新中心”专章，就大湾区创新高地的重要节点、重大科技创新基础设施、科技创新重点项目及科技创新走廊建设制定了详细的规划。2021 年《广东省科技创新“十四五”规划》

在扎实推进大湾区国际科技创新中心建设方面，进一步细化了大湾区内地九市创新高地的发展布局。整体来看，大湾区创新高地呈现“一廊—两区—多极—散点布局”的布局特征。

1. 一廊：“广州—深圳—香港—澳门”科技创新走廊

“广州—深圳—香港—澳门”科技创新走廊是将大湾区建设成为具有全球影响力的国际科技创新中心的核心平台和引领性工程，对于加快推动港澳融入国家发展大局具有重大意义。2019 年 2 月，《纲要》印发实施，明确提出加快推进“广州—深圳—香港—澳门”科技创新走廊（以下简称“科技创新走廊”）建设。2020 年 7 月，广东省印发《广东省推进“广州—深圳—香港—澳门”科技创新走廊建设行动方案（2020—2022 年)》，进一步将“科技创新走廊”细化为“广深港”“广珠澳”两个发展方向，其中，“广深港”科技创新走廊重点开展科技合作机制和模式创新，“广珠澳”科技创新走廊以深化粤澳科技合作、集聚高端创新资源为发展重点。“科技创新走廊”以形成创新节点特色化差异化发展布局，推动粤港澳协同创新，加强粤港澳科技创新规则制度对接为发展重点，通过串联大湾区科技创新核心城市及重要的区域创新高地节点，形成大湾区创新高地布局“主骨架”。

2. 两区：深圳自创区与珠三角自创区

大湾区范围内包含两个国家自主创新示范区——深圳国家自主创新示范区和珠三角国家自主创新示范区。其中，深圳国家自主创新示范区是党的十八大后国务院批准建设的首个国家自主创新示范区，也是我国首个以城市为基本单元的国家自主创新示范区。珠三角国家自主创新示范区于 2015 年经国务院批复建设，范围覆盖广州、珠海、佛山、惠州、东莞、中山、江门、肇庆 8 个市的国家高新技术产业开发区。从国家、省市层面对自创区的发展目标要求看，《深圳国家自主创新示范区发展规划纲要（2015—2020年）》要求深圳自创区积极开展制度创新，推进科技体制机制改革创新试点，布局发展战略性新兴产业，逐步提升深圳科技创新全球影响力；而2016年广东省印发的《珠三角国家自主创新示范区建设实施方案（2016—2020年）》将深圳自创区纳入珠三角国家自创区整体布局中通盘考虑，提出打造以深圳、广州为龙头，珠三角其他七市为支撑的“1+1+7”珠三角国家自创区建设格局。两大自创区以体制机制创新及战略性新兴产业发展为重点，以制度创新和科技体制改革先行先试为核心优势，为大湾区科技创新提供有力支撑（见表5-2）。

表5-2　　粤港澳大湾区内两大国家自主创新示范区

示范区名称	成立年份	地域范围	总面积	主要功能定位与建设目标
深圳国家自主创新示范区	2014年	深圳全域	397平方公里	创建创新驱动发展示范区、科技体制改革先行区、战略性新兴产业聚集区、开放创新引领区和创新创业生态区
珠三角国家自主创新示范区	2015年	覆盖了广州、珠海、佛山、惠州、东莞、中山、江门、肇庆市珠三角8个市的国家高新区	—	把珠三角建设成为我国开放创新先行区、转型升级引领区、协同创新示范区、创新创业生态区，打造成为国际一流的创新创业中心

资料来源：根据公开资料整理而成。

3. 多极：打造国际科技创新中心的重要节点

从《纲要》《广东省科技创新“十四五”规划》中提到的重要平台载体来看，当前大湾区打造国际科技创新中心的重要节点主要包含以下几类：一是布局建设大湾区综合性国家科学中心。其中东莞松山湖科学城、深圳光明科学城为先行启动区，广州南沙科学城为主要承载区。二是高标准建设国家级双创示范基地。主要包括广州高新区科学城园区、深圳市南山区、深圳市福田区、深圳市龙岗区、汕头华侨经济文化合作试验区、中山火炬高新区、惠州仲恺高新区、珠海高新区、东莞松山湖高新区等园区。三是布局建设一批重大创新载体。具体包括河套深港科技创新合作区、南沙粤港澳全面合作示范区、横琴粤澳深度合作区、前海深港现代服务业合作区、中新广州知识城等。四是协同开展港澳创新高地建设。主要包括香港物流及供应链管理应用技术、纺织及成衣、资讯及通信技术、汽车零部件、纳米及现金材料等五大研发中心，以及香港科学园、香港数码港等产业发展平台。这些区域创新高地汇聚了大量大科学装置、高能级研发创新平台、科研院所、众创空间、高校等高端创新资源（见表 5－3），在加快推动大湾区科技创新成果产出和战略性新兴产业培育发展方面发挥重要增长极作用，成为大湾区最重要的创新节点。

4. 散点布局：大湾区内 9 个国家级高新区

《纲要》在建设国际科技创新中心专章中提出“有序开展国家高新区扩容，将高新区建设成为区域创新的重要节点和产业高端化发展的重要基地”。目前，大湾区共有 9 个国家级高新区（见表 5－4）。各国家高新区发展水平长期位于全国前列。根据原科技部火炬中心 2022 年度国家高新区综合评价结果，深圳高新区在全国排名第二名，广州高新区第四名，珠海高新区排名第 17 名，江门高新区第 53 名。各个国家级高新区自批复建设以来，积极推动新技术、新产业、新模式的发展，培育壮大了智能制造、数字经济、高端装备制造等一批高新技术产业。截至 2022 年底，大湾区集聚高新技术企业近 6 万家，培育了广汽、美的、比亚迪、格力等一批世界 500 强企业，为推动大湾区创新链与产业链融合提供了强力支撑。

表 5－3　　粤港澳大湾区创新高地科技创新资源分布情况

国际科技创新中心重要节点（区域创新高地）		科技创新资源				
		国家级、省级研发平台	科研院所	大科学装置	国家级众创空间	其他
大湾区综合性国家科学中心	松山湖科学城（先行启动区）	国家高性能医疗器械创新中心、国家5G中高频器件创新中心、国家印刷及柔性显示创新中心	松山湖材料实验室、广东华中科技大学工业技术研究院	东莞散裂中子源、中国散裂中子源二期、南方光源研究测试平台、先进阿秒激光设施	台青创基地、松山湖国际创新创业社区等26家	—
	光明科学城（先行启动区）	深圳市神经科学研究中心、深圳市工程生物产业创新中心、光明脑科学技术产业创新中心	深圳综合粒子设施研究院、香港理工大学产业科技创新研究院	脑解析与脑模拟重大科技基础设施、合成生物研究重大科技基础设施、材料基因组大科学装置平台、国家超级计算深圳中心（含二期）、鹏城云脑Ⅲ智能网络重大科技基础设施、空间环境与物质作用研究设施、特殊环境材料科学与应用研究设施、精准医学影像大设施、深圳中能高重复频率X射线自由电子激光装置、深圳湾实验室场地（二期）	生物医学国家专业化众创空间（光明）	光明科学城创新验证转化基地（深圳大学）
	南沙科学城（主要承载区）	热带海洋环境国家重点实验室、国家自然资源部海底矿产资源重点实验室、南方海洋科学与工程广东省实验室	广东空天科技研究院（南沙）、广东智能无人系统研究院（南沙）	冷泉生态系统研究装置、智能化动态宽域高超声速风洞和航空轮胎、科技设施新能源器件循环利用能力提升平台、极端海洋动态过程多尺度自主观测科考设施	广东医谷国家级科技企业孵化器	—

续表

国际科技创新中心重要节点（区域创新高地）		科技创新资源				
		国家级、省级研发平台	科研院所	大科学装置	国家级众创空间	其他
其他国际科技创新中心重要节点	河套深港科技创新合作区	广州国家实验室检测评价中心河套分中心、华为数字能源创新中心、深港开放创新中心、河套EDA创新中心	深圳国际量子研究院、香港应用科技研究院、香港城市大学物质科学研究院	深圳未来网络基础设施、粤港澳大湾区（广东）量子科学中心	港科大蓝海湾孵化港、河套港澳青年创新创业谷	深圳数据交易所
	南沙粤港澳全面合作示范区	中科院南海海洋研究所、广东省通感算交叉融合泛在物联网重点实验室（省重点实验室）	广东空天科技研究院（南沙）、广东智能无人系统研究院（南沙）	冷泉生态系统研究装置、智能化动态宽域高超声速风洞和航空轮胎、科技设施新能源器件循环利用能力提升平台、极端海洋动态过程多尺度自主观测科考设施	广东医谷国家级科技企业孵化器	—
	横琴粤澳深度合作区	新金属材料国家重点实验室海洋能与氢能金属材料分实验室、氢燃机横琴研发中心、仿真与混合信号超大规模集成电路国家重点实验室、中药质量研究国家重点实验室、智慧城市物联网国家重点实验室、月球与行星科学国家重点实验室	横琴粤澳深度合作区创新发展研究院、横琴粤澳深度合作区智慧金融研究院、澳门材料科学与工程研究院	—	—	中西医特色诊疗中心、高端康养中心、中医药科创中心、创新药械研发与制造中心、医疗健康学术交流中心、道地药材检测认证及世界传统药物交易中心、中医药海外推广中心、中医药人才教育培训中心

续表

国际科技创新中心重要节点（区域创新高地）		科技创新资源				
		国家级、省级研发平台	科研院所	大科学装置	国家级众创空间	其他
其他国际科技创新中心重要节点	前海深港现代服务业合作区	海洋工程总装研发设计国家工程实验室（深圳）	港中大（深圳）数据经济研究院、深圳市前海科创石墨烯新技术研究院、深圳市港大前海智慧交通研究院	—	前海深港青年梦工场园区众创空间创博汇孵化器、香港青年专业联盟前海众创空间	国家（深圳·前海）新型互联网交换中心
	中心广州知识城	全球治理与人类命运共同体建设重点实验室、大湾区建设与区域协调发展重点实验室、广东省哲学社会科学重点实验室、大湾区国创中心知识城基地	中新国际联合研究院、新加坡国立大学广州创新研究院、西安电子科技大学广州研究院等	航空轮胎动力学大科学装置、国家纳米科技创新中心	—	国际数字化医学转化中心
	香港科学园	—	—	—	—	InnoHK 医疗科技、人工智能研发平台
	香港数码港	—	—	—	香港数码港国家级科技企业孵化器	人工智能超算中心

表 5-4　粤港澳大湾区 9 个国家级高新技术产业开发区主导产业

高新区	成立时间	获批“国家级高新区”时间	简介
广州高新技术产业开发区	1991 年	1991 年	国务院批准成立的首批国家级高新技术产业区之一；实行“一区多园”的管理体制，由广州科学城、天河科技园、黄花岗科技园、民营科技园和南沙资讯园组成。主导发展电子信息、生物医疗、新材料产业
中山火炬高技术产业开发区	1991 年	1991 年	被国务院批准为首批国家级高新技术产业开发区，成为实施国家火炬计划的重要基地，而且是国家体改委和国家科委确定的全国 5 个综合改革试点开发区之一。主导发展电子信息、生物医疗、装备制造业
珠海国家高新技术产业开发区	1992 年	1992 年	高新区主园区已形成了以名牌大学为依托，以软件研发企业为主体，集产学研于一体的高科技产业走廊
佛山高新技术产业开发区	1992 年	1992 年	实行“一区六园”管理架构，重点发展电子信息、光机电一体化、精密制造、生物工程、新材料、有色金属加工、生态陶瓷和绿色家用电器等高新技术产业
惠州仲恺国家高新技术产业开发区	1992 年	1992 年	形成了以 LED、移动互联网、平板显示、新能源、云计算为主导的“4+1”战略性新兴产业，成为国内重要的电子信息产业基地
江门国家高新技术产业开发区	1992 年	2010 年	着力发展以绿色光源为主的战略性新兴产业、以光机电一体化为主的高附加值先进制造业、以现代物流、总部经济及商住配套为主的现代服务业和汽车零部件产业等“3+1”产业
深圳高新技术产业开发区	1996 年	1996 年	重点布局新一代电子信息技术、数字与时尚、高端制造装备产业等新兴产业

续表

高新区	成立时间	获批“国家级高新区”时间	简介
肇庆高新技术产业开发区	1998 年	2010 年	肇庆高新区着力打造全国新能源产业重要基地，引入了全球领先的动力电池系统研发制造公司——宁德时代，“中国造车新势力”“中国独角兽企业”“中国最具创新力企业”——小鹏汽车。同时，做优做强生物医药、食品饮料、家居建材等特色产业，引进了大华农、达利园、现代筑美等一批链主企业、龙头项目
东莞松山湖高新技术开发区	2001 年	2010 年	围绕重大原始创新策源地、中试验证和成果转化基地、粤港澳合作创新共同体、体制机制创新综合试验区四个定位，积极推动松山湖科学城建设成为具有全球影响力的原始创新高地

数据来源：作者依据各高新区官网资料进行汇总整理。

（二）粤港澳大湾区创新高地建设成效

1. 投入产出水平不断提升

珠三角自创区研发投入持续增长，创新产出能力不断增强。大湾区内各创新高地的全社会研究与试验发展经费与研发经费强度均呈同步增长的态势。以珠三角自创区为例，2016—2019 年，珠三角全社会研发经费由 1931.77 亿元增长到 2962.36 亿元，年均增长率达 15.3%（见表5 - 5）。2019 年，珠三角自创区发明专利申请量达 196031 件、发明专利授权量达 58211 件和 PCT 国际专利申请量达 24543 件，占广东省的比重分别为 96.42%、97.44% 和 99.26%。2020 年，珠三角自创区发明专利授权量 6.9 万件，有效发明专利拥有量 33.9 万件，均占广东省的 97%；PCT 国际专利申请量达 2.8 万件，占广东省的 99%。

表 5－5　　2016—2022 年珠三角自创区 GDP 与研发投入情况

年份	2016 年	2017 年	2018 年	2019 年	2020 年	2021 年	2022 年
珠三角 GDP（亿元）	69070.26	75710.14	81048.5	86899.05			
全社会研发经费投入额（亿元）	1931.77	2226.6	2586.01	2962.36	2388.24	2767.22	3072.79
研发经费强度（%）	2.80	2.94	3.19	3.41			

数据来源：《广东省统计年鉴》。

深圳自创区研发投入稳定增长，专利产出和国际竞争力位居全国前列。全社会研发投入从 2019 年的 1328.28 亿元增长到 2021 年的 1682.15 亿元，研发投入强度从 4.9% 增长到 5.5%（见表 5－6）。深圳确立了每年不低于 30% 的财政科技专项资金投向基础研究和应用基础研究的长效机制。如首次设立“深圳市自然科学基金”、首次设立博士基础研究启动项目、优秀青年基础研究项目和杰出青年基础研究项目，鼓励和支持科研人员开展基础性、前瞻性、探索性研究。同时，鼓励社会资本投向基础研究。2021 年深圳自创区发明专利授权量达 45202 件，占全省发明专利授权量的 43.9%；PCT 专利申请量达 17443 件，占全省 PCT 专利申请量的 66.8%（见表 5－7）。《深圳市 2020 年度知识产权白皮书》数据显示，2020 年深圳市国内专利授权量达 222412 件，居全国首位；每万人发明专利拥有量达 119.1 件，约为全国平均水平的 8 倍，有效发明专利五年以上维持率达 83.77%；PCT 国际专利申请量达 20209 件，连续 17 年居全国首位。

表 5－6　　2019—2021 年深圳自创区 GDP 与研发投入情况

年份	2019 年	2020 年	2021 年
自创区 GDP（亿元）	26992.33	27759.01	30664.85
全社会研发经费投入额（亿元）	1328.28	1510.81	1682.15
研发经费强度（%）	4.9	5.4	5.5

数据来源：《深圳市统计年鉴》。

表 5－7　　　　2021 年深圳自创区科技创新成果情况

指标名称	自创区（件）	全省（件）	占比（%）
发明专利申请量	49727	242551	20.5
发明专利授权量	45202	102850	43.9
PCT 专利申请量	17443	26100	66.8

数据来源：《深圳市统计年鉴》。

2. 各类创新主体加快集聚

珠三角自创区各类创新主体不断增加，高校创新能力持续增强。珠三角自创区拥有高新技术企业数量占全省高企总数的95%以上。2019 年，全创区拥有普通高等学校 149 所，较 2015 年增加 18 所，增幅达 13.7%。本科院校拥有重点学科数 354 个，占广东省本科院校重点学科数（412 个）的 85.92%，有 2 所高校进入世界一流大学建设名单，3 所高校进入世界一流学科建设名单，63 个学科进入 ESI 排名前 1%，有 5 个学科排名前 1‰，18 个学科入选国家“双一流”建设。同时期，珠三角自创区拥有本地院士 113 名，双聘院士 207 名；新增引进省创新创业团队 44 个，较 2018 年新引进增加 13 个；新增引进领军人才 81 人，较 2018 年新引进增加 66 人；新增高级职称专业技术人才数 18853 人，引进博士 6804 人、硕士 71462 人；博士后工作站（流动站）528 个，在站人数 9082 人。

广州都市圈大力培育具有国际影响力的创新型企业，不断提升企业创新主体地位。高新技术企业数量约占大湾区总数的 1/3。从独角兽企业数量看，2021 年粤港澳大湾区内已拥有超 50 家“独角兽”企业，仅广州就拥有“独角兽”企业 10 家，副核心城市拥有 6 家独角兽种子企业。从世界 500 强企业数量看，根据 2021 年《财富》世界 500 强榜单，广州都市圈世界 500 强企业数量约占大湾区内总量的 1/3。其中，广州共有 5 家企业上榜，佛山两家企业上榜。企业创新主体地位持续壮大，产业结构转型升级效果明显。2020 年，广州企业在自主知识产权、高技术制造业、设立企业内部研发机构发展方面继续保持快速增长、领跑态势。同时，广州是名副其实的高校集聚地。根据教育部公布《2023 年度全国高等学校名单》，广州、佛山、肇庆分别有 37 所、2 所、3 所高校。广州是南方高校最密集的城市，集结了全省 80% 的高校，也是中国高等教育最发达的城市之一，华南地区的科教中心。其中，有 3 所高校入选《2022 年 QS 大学排行榜》，5 所高校为全国重点大学，92 个学科入选 2019 年软科学世界一流学科，2020 年，广州政府部门属独立科研机构 190 家，数量规模仅次于北京，居国内城市第二位。其中，科研院所主导和参与了区域内 14 家国家重点实验室、54 家省级重点实验室等重大创新平台的建设。35 所新建科研机构中 17 所布局在战略性新兴产业领域，是区域科技创新成果重要供给源。

广深港澳科创走廊创新主体规模快速增长，创新能力不断强化。广深港澳科创走廊聚焦大湾区综合性国家科学中心先行启动区建设，走廊内领军企业的创新能力不断强化，现有高新技术企业存量超过 5.7 万家，占广东全省的 94.7%。走廊内高水平创新研究院达到 27 家，新型研发机构达到 221 家，占广东全省总数的 80%，有效提升了走廊产业技术创新水平。

光明科学城加快引入高等院校和科研院所，创新源头载体建设布局逐步完善。目前，在光明科学城内，中山大学深圳校区（一期）已投入使用，首批 6000 名师生完成入驻，并成立了医学院、药学院、材料学院等 10 个新工科学院。中国科学院深圳理工大学于 2020 年启用并招收首批研究生。科学城连续引进中国科学院人工智能创新研究院粤港澳大湾区产业技术研究院、中国科学院空天信息创新研究院精密检测技术研究院、中国科学院分布式与可再生资源研究、中国科学院苏州生物医学工程技术研究所、深港脑科学创新研究院等中科院系科研院所。此外，深圳综合粒子设施研究院、深圳湾实验室等科研院所正在运营中。

西丽湖国际科教城大力培育龙头企业，高新技术企业规模不断增长。

西丽湖国际科教城成功培育了大疆、深信服等细分领域龙头企业，现有国家高新技术企业超1000家，上市企业约20家，一批优秀的高科技企业、创新型企业、专精特新企业扎根于此，西丽湖成为国内外知名的高新技术企业集聚区。通过实施“学院派创业军团”培养行动，支持科教城高校建设专业孵化机构，成功打造“教授领衔+学生主体+天使赋能”的科研型双创企业集聚高地，诞生了十沣科技等一批学院派创业企业。南山智造（红花岭基地）城市更新项目（一期）工程的落地也将吸引集聚一批生物医药、智能制造、工业互联网和大数据等高端制造业企业。此外与西丽湖相邻的前海等总部基地的开发建设也为科教城内企业做大做强向全球延伸提供了良好平台。

3. 科技创新平台加速布局

（1）自主创新平台体系加快建设。在粤国家重点实验室30家，全部落户于珠三角自创区内。2019年，自创区建有省级实验室14家，占全省的58.33%；建有省级重点实验室341家，占全省的90.21%，实现了重点发展领域全覆盖。2019年，珠三角自创区拥有国家级工程技术研究中心21家，占全省的91.3%；同年，自创区拥有省级工程技术研究中心5139家，比2018年增加了618家，增幅为15.3%。2019年，自创区拥有的省级工程技术研究中心数量占全省比重为83.66%，较2018年增加了0.35个百分点。截至2019年底，珠三角自创区经省政府批准认定的新型研发机构共202家，占全省的80.5%。

广州都市圈创新平台数量位居大湾区首位，吸引集聚了一大批高层次人才。截至2020年，拥有省级重点实验室274家（以广州、佛山、肇庆为重点城市统计），高于深圳都市圈72家（以深圳、东莞、惠州为重点城市统计），其中广州241家；拥有国家重点实验室22家，高于深圳都市圈的6家；拥有国家工程技术研究中心10家，高于深圳都市圈的6

家（同上）。广州都市圈是大湾区拥有国家级创新平台最多的城市群。由于国家实验室、省实验室、重大科技基础设施等创新基地的“磁场效应”，吸引全球优秀科学家及高层次人才团队来广州都市圈创新创业，汇集院士、高层次人才团队，广州都市圈核心城市 5 年累计获得国家、省科学技术奖 104 项、734 项，分别占全省的 54%、69%。

西丽湖国际科教城各类创新载体加速落地，成果转化能力不断提升。西丽湖国际科教城拥有国家省市各类创新载体已超过 500 家。联合国教科文组织高等教育创新中心、深圳首个国家应用数学中心、国家超算深圳中心、中科院先进院、9 所诺奖科学家实验室等一批高层次研究机构在此布局。集合国际科技信息服务平台、应用研究育苗平台、技术转移与成果转化联盟等系列特色平台和服务载体于一体的西丽湖国际科教城融合创新中心加快建设，以科创为亮点的南山科技创新中心、深港科学园、国际创新谷、生命科技产业园建设持续推进。生物医药、集成电路、智能制造领域的中试工程化服务平台、西丽湖国际科教城概念验证中心、海洋产业科研仪器共享平台、粤港澳大湾区集成电路设计创新公共服务平台和深圳市市场监管局许可审查中心医疗器械审评认证部等一批创新服务平台建设持续推进。科研仪器共享联盟和西丽湖国际科教城技术转移与成果转化联盟发起成立，集聚了创新链和产业链关键成员，有效推动更多原始创新成果转移转化。

光明区重大创新载体相继落地，新材料和电子信息行业发展势头良好。光明区建立起了“9 +9 +2 +2”的重大创新载体体系：第一个“9”是指先进表征综合粒子设施、合成生物研究设施等 9 个重大科技基础设施；第二个“9”是指包括国家超级计算深圳中心二期和中国计量科学院研究院技术创新研究院在内的 9 个重大研究平台；第一个“2”是指深圳湾实验室、人工智能与数字经济广东省实验室 2 个省级实验室；第二个“2”是指中山大学深圳校区和中科院深圳理工大学 2 所研究型高校。截至2020年12月31日，光明区共有市级以上创新平台100家，其中，国家级5家、省级55家、市级40家（见表5－8、表5－9），较多集中在新材料和电子信息领域，先进制造和生物生命、新能源和节能环保领域的较少。

表5－8　　　　光明区重大创新载体

9个重大科技基础设施	先进表征综合粒子设施、合成生物研究设施、脑解析与脑模拟设施、特殊环境材料科学与应用研究设施、材料基因组设施、精准医学影像设施、工业互联网创新基础设施、光电子信息科学与技术研究设施、化学与化学生物学研究设施
9个重大研究平台（11个前沿交叉研究平台）	国家超级计算深圳中心二期、光明科学城大数据中心、中国计量科学院研究院技术创新研究院、深圳市药品检验研究院光明分院、国家电动汽车产业计量中心、国家环保产品质量监督检验中心（广东）、国家分布式光伏发电系统质量监督检验中心（广东）、深圳市神经科学研究院、广东省石墨烯创新中心
2个广东省实验室	深圳湾实验室、人工智能与数字经济广东省实验室
2所研究型高校	中山大学深圳校区、中科院深圳理工大学

表5－9　　　　光明区重大科技创新平台

国家级		省级		市级	
国家级企业技术中心	1	省级重点实验室	1	市级重点实验室	1
国家地方联合工程研究中心	1	省级工程实验室	2	市级技术公共服务平台	1
国家地方联合工程实验室	2	省级工程技术中心	52	市级工程技术中心	14
国家重点实验室	1	—		市级工程实验室	10
—	—	—		市级企业技术中心	14
共计	5	—	55	—	40

（2）跨区域协同创新平台不断完善。当前，粤港澳区域内以广深港、广珠澳科技创新走廊为主轴，以港深莞、广佛、澳珠为极点，其他城市协同支撑的“两廊三极多节点”创新格局基本形成，三地跨区域协同创

新体系基本形成。广东省内20家粤港澳联合实验室落户在走廊有19家，广东粤港澳大湾区硬科技创新研究院、粤港澳大湾区数字经济研究院（福田）等11家粤港澳合作的新型研发机构初步建成。澳门国家重点实验室、横琴·澳门青年创业谷科技研发资源在横琴粤澳深度合作区加快集聚，集聚前海深港青年梦工场、HKX、IDG资本、香港青年专业联盟、斑马星球等一批创新创业载体的前海深港现代服务业合作区多轮驱动创新体系逐步形成。合肥国家实验室深圳基地、国家药监局药品审评检查和医疗器械技术审评检查大湾区分中心、大湾区量子科学中心等重大创新平台在河套深港科技创新合作区落地，南沙粤港澳全面合作示范区对港对澳科技创新产业合作加速推进。此外，广州超算中心南沙分中心累计为超过200个港澳科研团队提供计算服务。截至目前，广东省市各级财政跨境拨付港澳资金已超过3亿元，惠及港澳11家高校和科研机构。

4. 双创生态系统逐步优化

珠三角自创区企业技术成交额和融资额大幅提升，企业孵化环境逐渐优化。珠三角自创区在大众创业、万众创新浪潮推动下，积极推动专业化、国际化、品牌化的孵化机构建设，初步形成“众创空间—孵化器—加速器—科技园”的全孵化链条。2019年，自创区建有孵化器896家，较2018年增加了20家；孵化器面积为1698.52万平方米，孵化器在孵企业28983家，分别占全省的94.97%、91.17%。2019年，珠三角自创区技术合同成交额、技术交易额分别达到2268.93亿元和1957.94亿元，分别占全省的99.83%和99.85%。珠三角国家科技成果转移转化示范区于2018年成功获批后，于2020年4月在佛山市成立了第一个示范基地。2019年，珠三角自创区私募股权、创业投资基金管理人家数达到3318家；新增上市高新技术企业数33家；新增上市高企IPO募资额度达257.75亿元；金融机构向高新技术企业贷款金5623.35亿元；地方财政设立创业引导基金的额度达1911.69亿元。

深圳自创区不断推动企业融资、跨境贸易、知识产权保护等领域的环境改善。深圳自创区为破解中小企业融资难、融资贵问题，提出建设综合金融数据征信服务平台，构建小微企业“首贷户”培育长效机制，提供首贷续贷一站式服务等；为解决土地成本高、供需失衡、结构错配等问题，提出优化优质产业空间供给，推进二三产业用地混合利用等；为缓解企业用工压力，提出构建劳动关系治理地方性标准、建立以企业为评价主体的“一试多证”人才评价模式等。为进一步提升跨境贸易数字化水平探索开展“组合港”区域通关便利化改革；开展“视频查检”远程监管，实现信息化远程监装和在线监管；打造深圳跨境贸易大数据平台；建设本地特色化金融服务；推动深港贸易数据互通；深化深圳—新加坡跨境贸易合作；建立国际技术性贸易壁垒处理机制；扩大RCEP区域内产品进出口等。扩大知识产权保护工作站覆盖面，建设知识产权保护社会治理网，构建多主体协调联动的知识产权保护平台，建立海外知识产权纠纷应对指导机制，为企业编织全方位、最严格的知识产权“保护网”。

中新知识城黄埔区、广州开发区引资引智引技环境持续优化。为推动产业发展环境改善，中新知识城黄埔区、广州开发区出台了涵盖先进制造业、现代服务业、总部经济和高新技术产业等4个产业的“黄金十条”发展政策，为知识城经济增长注入了强大动力。此外，以世界级知识经济体标杆为目标，知识城制定了产业指导目录和重点产业发展行动计划，以构建“三圈”营商环境为导向，促进引资引智引技环境持续优化。一是积极构建创新政策圈，修订完善了科技创新和人才政策，形成“1+7”科技政策体系和“1+9”人才政策体系，二是积极构建创新金融圈，突出科技金融带动作用，促进金融与科技、产业的对接和互动。三是积极构建创新服务圈，知识城管委会建立了行政审批“三清单一平台”，促进市场化法治化国际化营商环境完善。同时，聚焦知识密集型产业，建立了中新联合招商机制。

5. 产业创新效应不断凸显

大湾区不断推进高端产业集群建设，成功突破一批关键核心技术。大湾区在新一代信息技术、高端装备制造、新能源、数字创意产业领域分别有 86.5%、81.8%、87%、89.2% 的企业分布在广州市和深圳市。在新材料、生物、新能源汽车、相关服务产业领域分别有 72.2%、80%、72.1%、75.1% 的企业分布在广州市和深圳市。人工智能、中医药、集成电路设计等领域关键核心技术攻关实现突破，广州推出的全球首款 31 英寸喷墨打印柔性显示样机以及全国首款视觉数字全自动口罩机、首台 5G+8K 摄录一体机，自主研制的飞行时间质谱仪打破国外技术垄断。集成电路、生物医药、新能源、新材料等产业快速崛起，一批产业链条完善、辐射带动力强、具有国际竞争力的战略性新兴产业集群正在涌现。

中新知识城产业功能布局基本确立，行业发展势头良好。中新知识城总体规划不断深化提升，实现了从“三大组团”到“一核、七区”再到各片区功能定位基本确定的优化阶段，较为完整的大组团格局正在形成。在总体规划成果基础上，产业布局规划进一步明确高端集聚的发展方向，按照“三规合一”的规划思路，增加了产业用地比例，初步规划形成了南、中、北“三大产业片区”。其中，南部片区重点发展新一代信息技术、高端智能装备研发制造和检验检测等生产性现代服务业组团；中部片区重点发展医疗、金融、文化创意、科教服务等服务业组团；北部片区重点发展“互联网+”、先进制造业，更加突出了知识经济的内涵。产城融合发展特征更为显著，九龙湖等重点区域功能和空间形态得到进一步优化。

广深港澳科创走廊创新链产业链加速构建，技术扩散与辐射带动能力不断提升。广深港澳科创走廊围绕产业链部署创新链、围绕创新链布局产业链，通过优化孵化育成体系，建成高新区、自创区、成果转移转化示范区等一批创新资源集聚与成果转化载体，积极推动走廊产业链创新链“双链融合”。目前，广深港科创走廊城市的科技企业孵化器和众创空间数量占广东省的比重分别达到 91.5% 和 88.4%，国家级孵化器和国家备案的众创空间数量占广东省的比重分别为 92.9% 和 90.7%，以粤港澳大湾区（广东）创新创业孵化基地为龙头的“1 + 12 + N”孵化平台载体布局基本建立。科技成果转化服务体系更加完善，2021 年走廊内珠三角地区共认定登记技术合同 48079 项，较上一年增长 23.3%；技术合同成交额和技术交易额分别为 4276.1 亿元和 3234.3 亿元，较上一年分别增长 23.9%、22.3%。2021 年广深港科创走廊内国家高新区实现营业收入 5.7 万亿元，工业总产值 4.1 万亿元，工业增加值 9148.7 亿元，深圳、广州高新区进入世界一流高科技园区建设序列，在全国分别居第二位和第四位，有效助推广深港科创走廊产业高质量发展；成功举办大湾区科学论坛和西丽湖论坛，共吸引来自全球超过 150 位诺贝尔奖获得者、国内外院士等世界顶尖专家齐聚，辐射带动能力不断提升。

珠江口西岸都市圈推动产业向“高端化”与“高新化”迈进，服务经济比重不断提高。珠江口西岸都市圈正在加快推动现代化产业体系建设，已形成以家用电器（智能家居）、集成电路（电子信息）、生物医药与大健康、新能源、绿色新材料、高端打印设备等为主导的产业格局，先进制造业占规上工业增加值达到 50% 以上。同时，围绕半导体及集成电路、激光与增材制造、新能源、智能机器人、精密仪器设备、数字创意等领域大力推进新兴产业集群建设。装备制造、智能家电、生物医药大健康、现代农业、软件与信息服务、现代轻工纺织等千亿级、百亿级战略支柱产业带加速崛起，集成电路、新能源、新材料、精密仪器设备等千亿级、百亿级战略性新兴产业集群加速成长。同时，与产业转型升级相配套的现代服务业取得重大进展，服务经济比重在服务业中的比重不断提高，达到50%以上。

深圳都市圈加速构建区域协同、分工明确的产业体系，带动价值链整体跃升。深圳都市圈围绕“1+2+N”的公共中心体系，初步形成了圈层与轴带相融合的多中心网络化格局。圈层与轴带的分工进一步明晰，围绕新一代电子信息产业、新材料及高端装备制造等产业方向，依托四大交通走廊与轴辐式枢纽体系，以深圳前海、福田、罗湖、南山为主中心，东莞和惠州主城为副中心，沿深圳—东莞和深圳—惠州边界，自西向东构建湾区科创头部企业与现代服务业节点、国家综合性科学创新中心节点、湾区制造总部技术转换节点与湾区先进制造产城融合节点，形成金融服务、生产性服务、商业商务等现代服务业体系，持续推动制造业集群、科技创新平台和现代服务中心深化合作。依托河套地区，积极对接香港北部都会区发展策略，充分发挥深圳、香港金融服务和专业产业服务优势，协调联动香港北部都会区提供区域与都市圈级的公共服务功能，国际交往与区域高等级公共服务集聚地已初显形态。

广州都市圈加速构建现代产业体系，带动周边城市产业快速发展。广州都市圈以广、佛为核心与副核心城市，深入推进供给侧结构性改革。2021年，广州都市圈GDP位居五大都市圈第二位，为43415.41亿元，略微落后于深圳都市圈的46568.47亿元。由于核心城市龙头效应显著，初步形成以先进制造业为支撑、现代服务业为主导的现代产业体系，带动周边城市产业继续向中高端水平迈进。“支柱+战略性新兴+未来产业”现代产业体系加速构建，支柱产业不断壮大，形成以广州创新大脑+佛山转化中心+肇庆、清远、韶关和云浮为承载基地的“1+1+4”创新转化格局，电子信息、绿色石化、智能家电等7个万亿级产业集群矩阵已经形成；战略性新兴产业发展迅猛，广州的数字产业、现代服务业、向延边城市赋能，5G产业、数字经济规模均居全国城市群前列，现代物流业、电子商务业、健康服务业快速发展，新兴服务产业和跨境电商、市场采购贸易等新业态新模式蓬勃发展。

三、粤港澳大湾区创新高地建设存在的问题

对标建设世界级创新高地的要求，当前大湾区在区域协同联动、创新主体培育、体制机制建设、科创资源整合、引进海外高层次人才等方面还存在一些薄弱环节。

（一）高端产业集聚效应尚未真正形成

目前，湾区内各大创新高地高端产业集聚效应尚未形成。例如，中新知识城早期较多依赖新加坡，自主招商意识不够强，对国内投资挖掘得不够深入，入驻企业往往“单打独斗”，辐射带动能力有限，难以形成主导性的产业集群。而珠江口西岸都市圈以中低端的传统制造业为主，整体创新密度、产品科技含量与东岸形成鲜明落差。广州都市圈内由于过度依靠核心城市的市场服务，佛山及江门等城市的第三产业占比分别为40%、46%（广州为70%），目前仍然没有大规模高科技产业和现代服务业外溢到都市圈非核心地带。深圳国家自主创新示范区目前也面临产业“脱实向虚”的挑战：深圳的二产比重已逐步下降至40%左右，而金融业占GDP的比重已超过13%，增速位于全国前列，深圳工业和制造业比重的持续下滑。

（二）缺乏具有国际竞争力的创新主体

两大国家自主创新示范区内企业创新主体地位较弱。当前，两大国家自主创新示范区正在建设以产业发展为依托、以企业为主体的自主研

发体系，但示范区内创新动力不足，企业创新主体地位较弱、创新型领军企业数量偏少等问题仍较突出。如企业在技术创新决策、研发投入、科研组织和成果转化的主体作用还不够明显；示范区内科研机构多呈“少、小、散、弱”现象，特别是自主型、原创型研发和产业战略性研究比较薄弱，产业战略性研究机构几乎空白，创新性平台能力建设亟待提高。

五大都市圈缺乏具有国际竞争力的创新主体。以珠江口西岸都市圈为例，圈内高新技术企业、独角兽企业和世界五百强企业均占比较小，企业研发强度较弱。2021 年珠江口西岸都市圈主要城市高新技术企业数量为 6589 家，珠海、江门、中山三市高企数量仅占大湾区的 11.75%，独角兽企业仅有 3 家，世界 500 强企业仅有格力电器一家，且格力电器研发强度仅为 3.2%，低于一般工业企业研发强度（3.5%）。高等院校总量不足以支撑大湾区创新高地建设，珠江口西岸都市圈研究型高校数量仅为大湾区总数的 1/8，且无 QS 世界名校，大湾区有 14 所高校上榜 QS 世界大学排名，一半集中分布在香港，五大都市圈 QS 世界名校的总量之和都不及香港。

（三）与港澳科技合作尚处于较低层次

珠三角部分城市未能有效利用香港和澳门的科技创新平台，广东加快建设粤港澳联合实验室，加强与港澳地区高校、创新平台的沟通合作，但部分城市未能与香港的全国重点实验室、国家工程技术研究中心以及澳门的全国重点实验室开展研究合作，没有最大程度地发挥区位优势、利用好香港的科技资源支撑自身产业发展。珠三角企业与港澳高校科技合作程度低，尽管深圳部分知名企业如华大基因、华为、腾讯、大疆创新等均与香港科研机构联合开展科研项目攻关等创新合作，但珠海、惠州、中山、江门、肇庆等城市与港澳高校合作较少，相关科技成果转化能力与产业科技创新能力较低。大湾区缺乏针对与港澳高校科技合作的指导性政策，香港高校纷纷与广州、深圳、东莞、佛山等城市开展合作办学，但大湾区在城市政策层面始终缺乏对港高校科技合作方面的指导性政策，不利于大湾区各城市获取香港高校创新资源、开展深层次科技合作。

（四）协同创新体制机制建设有待完善

粤港澳三地科技创新常态化合作机制尚未形成。例如，佛山、肇庆等配套城市以及边缘城市由于高校科研院所少、企业研发需求薄弱、基础研究创新氛围不活跃、自身创新能力不足等因素影响，核心创新城市的技术溢出效应偏低。部分区域协调均衡发展、土地资源高效集约利用不均衡，西丽湖国际科教城南北联动性不强，土地资源二次开发利用的整体效率和质量与中心城区定位不匹配。各高地内、外合作机制尚未完全形成。自创区内、外错位互补发展还存在很大的空间，区域间协同创新机制不够完善，部分城市（比如，广州、深圳、珠海）享有地方立法权，政策法规上各城市呈现出较大的差异性。深莞惠都市圈地域跨境合作难度较大，一方面地理分割削弱了深圳现代服务和科技创新中心的势能。另一方面跨行政区行政管理的分割，导致莞惠企业做大做强后难以进行注册地转迁，致使深圳的金融及人才优势无法服务于莞惠创新企业。

此外，粤港澳三地没有形成统一的技术标准规范，湾区内地市之间利益分配协调机制不够完善，在科创领域存在行政壁垒和地方保护主义，如在进行研发投入时就存在排他性，很少分享由当地研发投入带来的技术成果，彼此之间的合作缺乏动力机制和政策环境，科技创新合作的大项目偏少；科技服务协同创新网络尚未形成，广深港澳科技创新走廊、珠三角自主创新示范区等虽取得了一定成效，但仍存在重复投入和重复建设，无法将有限的资源支持本地的优势领域，而产业结构趋同和同质竞争等问题，也阻碍完整有效的产业链条的形成与发展。

（五）湾区内高水平人才流动严重失衡

粤港澳三地高水平人才结构严重失衡。广东省内流入的国际人才较少，更多以国内高水平人才为主，且高水平人才数量增长缓慢。而港澳地区流入的高水平人才中，80%以上属于国际人才，港澳对国际高水平人才的吸引力明显高于内地九市。此外，东莞、佛山和惠州更多吸引大湾区内的高水平人才，极易造成地区间人才竞争加剧。大湾区内大部分城市的高水平人才流入数量大于流出数量，但除深圳外其他城市的人才流入增长速度相对缓慢，澳门和东莞出现高水平人才流出数量大于流入数量。深圳较高的人才吸引力，造成内地九市间高水平人才流动的单向化趋势，导致地区间人才发展不平衡（见表5－10）。

表5－10 粤港澳大湾区内部主要城市人才流动情况

	国际高水平人才流入占比（%）	国内高水平人才流入占比（%）	湾区内高水平人才流入占比（%）	高水平人才流入流出比率
香港	82.75	11.62	5.63	1.11
澳门	80.11	14.49	5.40	0.95
深圳	25.78	51.74	22.48	2.2
广州	25.36	46.73	27.92	1.05
珠海	21.47	39.07	39.46	1.01
东莞	22.38	32.59	45.03	0.95
佛山	17.79	36.58	45.64	1.14
惠州	9.42	39.29	51.30	1.16

各创新高地专业人才严重短缺。随着经济转型、科技进步和产业升

级步伐的加快，高端创新人才供需矛盾将更加突出。如广州的电子竞技业专业人才缺口超过一万，人才短缺成为该产业发展的“瓶颈”，解决专业人才短缺问题已成为自创区产业转型升级的当务之急。为此光明科学城全力实施“鸿鹄人才”政策，但人才数量与福田、南山等核心区域相比仍有一定差距。光明区现行人才政策仅有《光明新区关于进一步实施“鸿鹄计划”促进人才优先发展的若干措施》及三个配套文件。从人才生态链的角度看，人才集聚是不同层次人才梯队的相互组合，以领军人才为核心匹配一定比例的初级人才，才能保证链条的稳定发展。光明科学城针对高级和初级人才有相应人才补贴和奖励制度，但针对中级人才的扶持政策偏少。

四、新时期粤港澳大湾区创新高地建设的新定位新需求

（一）新时期粤港澳大湾区创新高地建设的新定位

1. 引领大湾区深化体制机制改革的最前沿

大湾区内多样化的创新高地建设，体现出区域创新理论与中国的发展实际、改革实际相结合，与新时代国家竞争战略相结合的实践具象。党的二十大报告对区域创新提出了新要求，也明确了大湾区创新高地建设的新定位。新时期，大湾区创新高地建设要持续深化改革攻坚工程，围绕港澳融入国家发展大局提供改革方案：一是强调各创新高地建设的顶层设计。积极推动在特定区域内实施“港澳标准”的改革示范区（例如允许港澳医疗标准、社工服务、高端专业服务等领域直接在内地特定

区域落地实施)，降低港澳各要素在内地流动的制度性交易成本。二是强调高地之间的“软联通”。作为改革的主战场，需要集中解决各区域在法治体系、金融管理体系、税收体系等领域的制度差异（核心是监管方式的差异问题)。目前，港澳与内地的服务贸易负面清单虽然持续缩减，但多头管理与行业行政许可等制度制约仍然存在。因此，大湾区要实现服务要素的自由流动，还需要充分发挥“软联通”的机制创新优势。三是更加注重改革创新成果的落地效率。创新高地政策供给的落地效率成为衡量大湾区融合发展的关键指标。新形势下需要强化制度创新的集成性与实效性，以企业获得感的提升为准绳，切实体现改革的落地性、战略性和全局性。

2. 探索大湾区高质量发展新路径的主引擎

党中央对大湾区内各创新高地建设寄予厚望，因此大湾区创新高地建设要打造我国“创新驱动发展”的新局面，要通过多层次科技战略赋能，构建面向未来的极具竞争性的科技产业链，奠定湾区创新驱动的理论与实践双底座。广东是国内市场经济发展的前沿阵地，对接港澳的天然优势必将更好地奠定“广东所需 + 港澳所长”的动能转换新机制。以创新高地建设为抓手在大湾区探索高水平社会主义市场经济实践模式，是推进粤港澳社会经济高质量发展的关键经验，是“一国两制”理论的伟大实践，是跨境产业合作与高水平政策供给的全球样本。

3. 承载大湾区建设制度型开放时代的新支点

党的二十大报告强调要推进高水平对外开放，为新时期大湾区创新高地开放创新提出了新要求。湾区内各创新高地可依托我国超大规模市场优势，构建国内大循环以吸引全球资源要素，增强国内国际两个市场两种资源联动效应，提升对外贸易与跨境投资合作质量和水平，稳步扩大规则、规制、管理、标准等制度型开放。一是创新高地建设要迈向“制度型开放”新时代。打造国际一流的营商环境是大湾区创新高地推动制度型开放的关键一环，开展对外经贸规则对接的压力测试成为大湾区各创新高地建设的重大使命。二是大湾区各创新高地要成为对接CPTPP/RCEP等高标准国际经贸规则示范区。高水平开放型市场经济本身是大湾区的内生优势，大湾区的产业结构和空间腹地为国际经贸协议的高效落地提供了平台载体，对接国际标准的目标是推进湾区内各创新高地更好地发挥自身产业比较优势，持续巩固外向型经济基础，扎实推进以国内大循环为主体的国际国内“双循环”发展格局。

4. 打造大湾区科技产业融合发展的示范区

共生是创新生态系统存在的根基和生命力的重要体现，创新高地建设是集聚创新主体、提升创新浓度、促进知识与价值流动的关键。一是各创新高地要成为科技与产业融合发展的主平台。积极改革科技创新体制机制，推动创新链和产业链有机融合。二是要成为产学研合作的主阵地。支持深圳大学等高校做大做强大学科技园，沿“前孵化器—孵化器—加速器—科技园”孵化链条，引导社会力量参与建设，推动创新主体之间深度合作，进一步打通从科学研究、技术开发到市场应用的创新链条，形成产学研用深度融合的创新体系，切实让大学的创新资源“活起来”“动起来”。三是要成为融合交流型创新社区的好样板。创新高地建设要在高校、创新园区等周边地区，集中布局多元化大学群落、有机组合研发大厦、开放式社交场所、一站式服务平台等设施，建设集工作、学习、生活、休闲于一体的创新社区，破解创新“孤岛”效应，促进知识跨界交流，促进技术创新的产生。

（二）新时期粤港澳大湾区创新高地建设的新需求

1. 新时期创新高地建设要推动形成人、财、平台共同作用的“强投入—高产出”体系

当前，我国正在由制造大国迈向创造强国，如何平衡产业创新资源投入和产出的关系至关重要。湾区内创新高地建设更要推动形成人、财、平台共同作用的“强投入—高产出”体系，提升研发投入的同时，推动形成投入—产出良性运转机制，以高效的市场对接助推技术成果交易转化，为创新主体带来技术成交收益，带动企业利润提升和经济的高质量增长。从政府端来看，要坚持科学驱动导向，将科技投入列为公共财政支出的重点保障领域之一，科技财政支出占比继续维持在7%以上的水平，进一步完善科研经费长期稳定投入和高端人才“引培留”机制。从产业端来看，要进一步强调产业原始策源能力的提升和科技成果转化制度的创新，尤其是在全球经济遭遇高度不确定的情况下，更要建设一批高质量的创新平台，带动前沿和高端产业发展。

2. 新时期创新高地建设要加快建立技术创新协作生态圈和创新发展共同体

不断推动建立“基础研究＋技术攻关＋成果产业化＋科技金融＋人才支撑”的全过程创新生态链，是2021年国家发展改革委推广的深圳47条经验和创新做法之一，也是大湾区着力构建和完善的“产学研用投”一体化创新体系。在这一体系下，湾区内各大创新高地建设要以基础研究和技术攻关引领技术变革，以市场需求逆向牵引创新方向，以金融和资本解决“从0到1”“从1到100”发展的后顾之忧，以人才来保障发

展全过程的智力之源。在区域协作方面，各大高地要利用资源禀赋和产业结构的差异性力争实现优势互补，推进不同环节的技术优势单位强强联合，促使大湾区日益形成技术创新协作生态圈和创新发展共同体。

3. 新时期创新高地建设要重视打造产业集群和培育创新动能

打造产业集群，既是产业链条延续和规模化发展的内生需要，又是创新高地高质量发展的外在要求。2021 年大湾区有 6 个产业集群入选工信部先进制造业集群“国家队”。近年来，广深港澳等大湾区中心城市在稳固自身创新基本盘的同时，彼此之间的创新互动关系也在加强，以广深港澳为主的科技集群在珠江口岸以带状形成合围之势，并有机会向东西蔓延。这种科技集群的形态能在地域上提供更灵活的选择，也能通过彼此间的交流激发创新灵感，孕育创新动能。大湾区是世界制造业重要基地，产业基础扎实，体系完备。围绕通信设备、消费电子、集成电路、新型显示等领域，广州、深圳、东莞等城市形成了具有国际竞争力和自主创新能力的产业链。新时期，湾区内各创新高地建设更要进一步提升信息共享水平，不断健全湾区产业集群的创新网络等环境因素，促进粤港澳大湾区产业集群的协同发展，有效提升创新高地发展效能。

4. 新时期创新高地建设要重视形成更加开放的创新组织模式

新时期，大湾区构建高水平的创新生态需要以更加开放的创新组织模式来重塑创新网络与产业市场，打破现行产业链条的制约。这就要求各创新高地推动建设开放技术创新网络以促进知识的有序扩散与吸纳，既体现为大湾区应充分发挥区域高地作用，将本区域的先进生产知识通过技术创新网络向其他地域扩散，又体现为大湾区要利用已有技术创新网络，以更开放的姿态吸引和聚集全球知识，同时，还要建设开放市场环境并深度融入全球市场，这既要求打破传统产业市场边界以促进企业高质量“走出去”，也意味着应积极面对其他企业“走进来”的新挑战。因此，新时期湾区内创新高地建设要树立更加宏阔的世界眼光，拓展现代化发展新空间，实施更加积极主动的开放战略，稳步扩大规则、规制、管理、标准等制度型开放，深度参与全球产业分工和价值链合作，加快发展更高层次的开放型经济，打造高水平对外开放门户枢纽。

5. 新时期创新高地建设要着力提升企业自主创新能力

建设国际科技创新中心，需要加快提升企业自主创新能力，培育具有国际竞争力的创新型企业。鼓励各创新高地大力提升企业技术创新能力，支持企业开发核心技术与关键技术，组织实施市级关键核心技术项目，主动对接国家、省部级重大科技专项；鼓励企业在引进技术、工艺和设备的同时，注意消化吸收，进行自主创新设计、研发和装配调试，并通过技术改造、装备升级，提高自己的技术资源和产品的研发创新能力。支持企业建设高水平研发中心，支持企业尤其是大企业建立国家级或省级技术开发机构、工程中心等，提高科研成果转化率；重点扶持能够形成技术优势或市场优势的产业技术联盟，开展行业关键技术攻关。

6. 新时期创新高地建设要加快打造世界级高水平人才高地

国际科技创新中心的建设需要建立世界级高水平人才高地，通过集聚高水平人才推动大湾区的产业高质量发展，提高科技创新水平。加强区域间协同创新，促进高层次人才内部流通。大湾区各城市要做好人才评定工作，允许认定的人才及其配偶、子女在大湾区 11 个城市自由定居、生活、学习、工作，充分发挥中心城市对周边区域的辐射带动作用；同时，非中心城市持续完善基本生活设施，调整产业结构，拓宽人才的发展空间，实现高水平人才的可持续集聚。集聚海外高层次人才，助推大湾区人才高地建设。制定海外人才引进方案和路线图，持续推进国际国内“双循环”发展战略；制定海外人才引进开发路线图，建立海外人才数据库，重点引进顶尖科学家和具有颠覆性技术的创新创业团队；加大粤港澳三地联合办学、设立科研院所的力度，积极发挥港澳联通国际优势，畅通海外人才由港澳进入内地工作的通道；加快建设国际学校、“国际人才一站式服务窗口”，完善国际化医疗保障服务制度，建立境外人才融资“一站式”服务体系等，从人才引进、评价、服务、使用、激励、流动等方面提高海外高层次人才的便利性和优惠性。

五、小结

在我国，创新高地是引领区域科技创新发展，带动提升区域创新发展整体水平的重要科技创新节点。近年来，大湾区积极推进建设国际科技创新中心，统筹开展区域创新高地建设布局，基本形成“一廊—两区—多极—三点布局”的空间布局特征，在创新成果产出、创新主体集聚、重大科研基础设施建设、战略性新兴产业培育与发展方面取得了显著成效。新时期，国家层面对大湾区创新高地的建设发展提出了新的要求，要将创新高地建设成为引领大湾区创新体制机制改革的最前沿，探索大湾区高质量发展新路径的主引擎和关键抓手，大湾区探索开展制度开放的新支点，科技融合和产业协同创新的重要集聚区。

第六章　国内外典型地区创新驱动高质量发展的经验借鉴

为更快更好推动大湾区依靠科技创新实现高质量发展，本章总结梳理了京津冀、长三角、成渝三大国家级城市群，以及纽约、旧金山和东京三大国际知名湾区的相关做法，旨在为新时期大湾区以创新引领高质量发展提供经验和启示。

一、三大国家级城市群创新驱动高质量发展的做法

（一）京津冀：打造协同创新共同体，以创新引领三地高质量发展

京津冀城市群的战略定位是以首都为核心的世界级城市群、区域整体协同发展改革引领区、全国创新驱动经济增长新引擎。近年来，在新发展理念的引领下，京津冀坚持以创新为第一驱动力，将北京市科技创新优势和天津市先进制造研发优势、河北省环京地缘优势相结合，通过共建各类创新平台促进区域协同、实现高质量发展。

1. 聚焦国家重大战略、区域高质量发展和民生改善重大需求，共建基础研究合作平台

2021 年，京津冀三地政府科技部门签署《关于共同推进京津冀基础研究的合作协议（2021—2025 年）》，针对共同面临的热点、难点问题和产业共性关键技术需求，实施基础研究合作专项，加快研究成果的对接应用，促进成果共享与转化落地。2023 年 11 月，三地人大常委会分别审议通过《关于推进京津冀协同创新共同体建设的决定》，以立法方式推进京津冀协同创新共同体建设。根据这个决定，三地将共同建设基础研究合作平台，实施京津冀基础研究合作专项，完善合作专项统一规划、统一立项、统一管理、分工协作、联合研究的运行机制。

2. 共建京津冀国家技术创新中心，联手打造技术研发、产业培育、人才培养“三位一体”协同创新体系

多年来，三地政府及有关部门立足各自资源禀赋与产业定位，互通有无、转移承接、错位发展，推动技术、人才和产业资源在整个区域内的优化配置。2020 年 5 月，科技部批复以北京协同创新研究院为依托，组建京津冀国家技术创新中心。该中心是国家首个综合类国家技术创新中心，总部设在北京，并在天津、通州、燕郊都建立了分中心。依托该中心三地联合推动技术攻关、成果转化、创业孵化、创新型领军企业培育、创新型人才培养与引进，重点在策源和转化、成链和配套等环节上下功夫，构建技术研发、产业培育、人才培养“三位一体”协同创新体系，持续提升国家科技创新能力和核心竞争力。

（二）长三角：构建科技创新共同体，推动科技创新与产业发展深度融合

长三角是全国创新能力最强的区域之一。近年来，沪苏浙皖三省一

市在科技自立自强上锻长板、补短板，联合开展关键技术攻关、共建创新平台、携手开放创新、共享科技资源，积极营造没有围墙、共谋创新的高效协同创新生态，长三角科技创新共同体建设不断取得成效，成为推动长三角一体化高质量发展的硬核驱动力。

1. 围绕产业发展需求协同开展关键核心技术攻关，着力提升产业科技创新能力

近年来，长三角三省一市聚焦产业发展需求，积极探索符合实际、精准高效的联合攻关机制，推动高校、科研机构和企业协同开展关键核心技术攻关，着力提升长三角地区产业科技创新能力。例如，2021 年 6 月 3 日，总部位于上海张江高科技园区的长三角国家技术创新中心（以下简称“国创中心”）揭牌，三省一市在科技领域的协同合作有了新平台。国创中心开展跨区域、跨领域、跨学科协同创新和开放合作，着力突破一批重点产业关键技术瓶颈，推动长三角若干产业进入全球价值链中高端。国创中心与长三角一批行业龙头企业共建企业联合创新中心，征集梳理企业愿意出资解决真实技术需求。截至 2022 年上半年，累计建设企业联合创新中心 218 家，共凝练梳理出企业技术需求 936 项；依托各类资源和渠道，帮助企业对接达成技术合作 341 项。截至 2023 年 12 月，长三角国创中心已在长三角区域组织实施了 97 项重大技术创新项目，其中长三角国创中心和地方园区投入 26 亿元左右①。2022 年沪浙皖相关单位联合实施了“中红外光谱气体检测和成像关键技术及应用”等 42 项国家重点研发计划项目。又如，2022 年安徽省围绕集成电路、智能机器人、高温合金等领域，支持思必驰、亨通光纤等省内优势企业技术需求，联合上海交通大学、中国科学技术大学、中科院宁波材料所等高校院所，

① 数据来源：新华社《攻坚“硬科技”共建“智造极”——长三角打造科技创新共同体》，2024 年 1 月 12 日。

共同实施24项关键核心技术攻关和成果转化项目，联合突破了高质量大尺寸氮化镓材料制备、全链路语音交互技术一批关键共性技术。

2. 自下而上建设长三角G60科创走廊，紧紧围绕优势产业链布局创新链

"G60"即"上海—昆明"高速公路。2016年5月，上海松江区依托上海科创中心建设等提出"G60科创走廊"的概念，即沿G60高速公路布局科创企业及先进制造业，后经两次扩容，G60科创走廊已涵盖沪苏浙皖的九城（区）①。自诞生以来，G60科创走廊坚持科技创新和制度创新双轮驱动，在科技和产业创新上取得了一批重要成果，也为区域协同发展探索出一条新路径。2021年4月，科技部等六部门联合发布《长三角G60科创走廊建设方案》，"G60科创走廊"建设从区域实践上升为国家战略。近年来，沿着该"走廊"先后诞生了松江G60脑智科创基地、合肥综合性国家科学中心、苏州市国家生物药技术创新中心、之江实验室、科恩实验室、优图实验室等一批重大研发平台。截至2022年8月，G60科创走廊已集聚了全国和省级重点实验室及工程技术研究中心1262个、高等院校196所，涌现出如生物节律紊乱体细胞克隆猴模型、量子通信、"G60星链"等重大原创成果，填补国内多项技术空白。围绕产业链部署创新链，一系列科创成果正在这条"走廊"上涌现，产业链核心技术陆续攻关。据统计，G60科创走廊沿线九地全社会研发投入强度均值达到3.25%，集聚高新技术企业3.6万余家、国家级专精特新"小巨人"企业339家、各级孵化器众创空间1300余家。

3. 推动大型科学仪器跨省市共享，强化科技创新政策协同和联动

自2018年长三角一体化上升为国家战略以来，三省一市集聚科技资

① 这条"走廊"将上海松江、江苏苏州、浙江嘉兴、杭州、湖州、金华和安徽合肥、芜湖、宣城紧密联系在了一起。

源，充分发挥上海科技创新中心龙头带动作用，强化苏浙皖创新优势，向建成具有全球影响力的科技创新共同体目标不断迈进。同年，在浦江论坛上，长三角三省一市科技厅（委）在科技部见证下，启动了长三角科技资源共享服务平台的建设。2019 年，三省一市建设单位在长江经济带科技资源共享论坛上签约，由上海牵头、四地共建长三角科技资源共享服务平台，服务平台于 2019 年 4 月正式上线运营。截至 2022 年 5 月底，长三角科技资源共享服务平台已集聚长三角区域的重大科研基础设施 23 个、大型科学仪器 40150 台（套）、国家级科研基地 315 家、科技人才 20 余万人、2429 家服务机构①，15700 余条服务项目、国内外标准 160 余万条。截至 2022 年 5 月，平台累计访问量突破 185 万人次，收到各类创新需求 518 条，需求匹配率达 80%，2021 年有 68 家上海优质服务机构为苏浙皖三省的 3798 家企业用户提供了 11720 次服务，服务金额高达 1.64 亿元。2022 年仅上半年就已有 38 家上海优质服务机构为苏浙皖三省的 2375 家企业用户提供了 7874 次服务，服务金额高达 1.19 亿元。

（三）成渝经济圈：以“一城多园”模式共建西部科学城，打造产业科技创新高地

成渝双城经济圈（以下简称“成渝经济圈”）是继长三角、粤港澳、京津冀之后的第四增长极，是引领带动中西部高质量发展的新动力源。近年来，为提升区域创新发展的整体效能，加快建设具有全国影响力的创新高地，成渝两地以“一城多园”模式合作共建西部科学城，聚力打造高能级创新平台（包括共建国家实验室、大科学装置、研发中心等基础设施），推进创新链产业链深度融合，提升企业创新主体地位，共同促

① 截至 2024 年 1 月，长三角科技资源共享服务平台已集聚各类服务机构 3000 余家。数据来源：新华社《攻坚“硬科技”共建“智造极”——长三角打造科技创新共同体》，2024 年 1 月 12 日。

进了企业、人才、项目、技术等创新要素资源加快向科学城聚集，夯实了产业技术创新的支撑力。

1. 打造以实验室为引领的高能级创新平台，着力培育新质生产力

近几年，西部（成都）科学城初步构建起以实验室为引领、大装置为核心、企业为主体、高校院所为支撑的协同创新体系。具体做法是：围绕大科学装置，布局各类国家实验室、全国重点实验室、科研机构等，以及各类企业工程研究中心、企业技术创新中心，突破产业创新中的“共性技术”难题、“专有技术”难题；培育高端软件、人工智能等新兴产业，布局空天动力、卫星互联网等未来产业，着力将成都科学城打造成为“新质生产力”的实践样板。截至2023年8月，西部（成都）科学城揭牌运行国家实验室和4个领域天府实验室；聚集“中科系”“中核系”等国家级科研机构26家，国家川藏铁路技术创新中心、国家超算成都中心等国家级创新平台96个；布局国家、省级重大科技基础设施6个，宇宙线物理研究与探测技术研究平台等国家科教基础设施7个。在此基础上，西部（成都）科学城深入推进与西部（重庆）科学城、中国（绵阳）科技城的协同创新，启动建设一批代表世界前沿科技水平的重大项目，积极培育高精尖特企业，联手打造电子信息世界级产业集群，共建西部大健康产业基地、数字经济与新一代人工智能创新发展示范基地。

2. 推动创新链与产业链深度融合，提升汽车等优势产业发展能级

重庆全力打造的西部（重庆）科学城，正加速成为西部科技创新平台和技术创新的策源地。2022年重庆经济总量达到2.9万亿元，超越广州跃居全国城市排行榜第四，其中汽车工业贡献巨大。为推动优势产业加快智能化升级发展，2022年4月，西部（重庆）科学城引进西部科学城智能网联汽车创新中心暨李克强院士工作站（以下简称“西部智联”），

围绕智能网联汽车关键共性技术开展攻坚并推动产业化落地。不到一年时间，西部智联便孵化出西部车网、西部智数、西部清研等 11 家产业链上下游公司，有力推动西部（重庆）科学城“车—路—云”一体化智能网联汽车产业集群发展。截至 2023 年 8 月，西部（重庆）科学城集聚李克强、吴宜灿等院士 23 名，国家级人才超 300 名，研发人员 2.5 万人，引进重大科创平台 33 个，落地 3 个汽车产业“国家质检中心”，聚集 100 余家智能网联新能源汽车产业相关企业，涵盖整车、关键零部件、充电基础设施、智能网联汽车示范运营等领域，初步建成汽车全产业链生态圈。

二、三大国际湾区科技创新引领高质量发展的做法

湾区经济是以海港为依托、以湾区自然地理条件为基础发展而成的一种开放型区域经济形态。目前，全球公认的三大著名湾区分别是旧金山湾区、纽约湾区和东京湾区。三大湾区充分发挥“港口群 + 产业群 + 城市群”的叠加效应，通过各具特色的科技创新模式引领全球经济发展，形成了开放的经济结构、高效的资源配置能力、强大的集聚外溢功能和发达的国际交往网络。三大湾区的发展经验为大湾区以创新引领区域高质量发展提供了经验借鉴。

（一）东京湾区：政府引导创新链布局，推动优势产业转型升级

东京湾区以产业湾区著称，科技创新与产业发展息息相关。近年来，东京—横滨产业集群蓬勃发展，东京—横滨地区成为全球知名的科技创

新高地，连续多年位居世界知识产权组织评选的全球创新集群榜首，得益于日本政府的积极引导和科学规划、丰富的创新资源、强劲的科技创新实力、完善的产学研合作生态，以及多层次的金融支撑体系①。这些有利因素成为其不断破解困局、构建可持续竞争力的关键。

1. 培育东京—横滨科技集群，推动传统优势制造业高端化、智能化发展

20 世纪六七十年代，东京制造业产值占到首都圈的半壁江山，但同时制造业资源过度集中，造成了地价高昂、人口拥挤、交通不便等问题，“大城市病”凸显。于是，东京开始实施“工业分散”战略，将技术含量高、附加值高、占地面积小的精密机械、高端零部件等高端制造业留在了东京市中心南部，而将钢铁、石油化工、机械加工、电器制造等占地面积过大、生产效率偏低、产业层次不高的一般制造业外迁至距离相对较近的神奈川县、埼玉县和千叶县等地。同时，研发、管理、金融、商贸、物流、出版印刷等生产性服务业在东京蓬勃发展起来。转型后的东京仍然是日本制造业中心，并全面承担起整个东京湾区的“制造大脑”功能。

20 世纪 80—90 年代，日本经历了经济泡沫破裂，东京—横滨地区经济发展受到重创。为扭转局面，政府着力推动产业转型升级，引导新旧产业有序更替，并向智能化发展。20 世纪末至 21 世纪初，东京地区大力发展高端制造，着力推动都市型科技园区建设，支持半导体、汽车、机器人、节能环保等产业发展，牢牢占据产业链、价值链高端环节。

21 世纪以来，新一轮科技革命与产业变革深入发展，日本政府采取了诸多措施推动“制造”向“智造”升级。例如，通过强化工程链的设计力、制造现场活用 5G 等通信技术、加强数字化人力资源保障三大策

① 赛迪顾问战略研究中心．全球蓝鲸集群实践之东京—横滨智能制造产业集群。

略，力图通过制造业数字化转型实现工程链和供应链的无缝连接，搭建智能化生产模式。东京—横滨地区作为日本高端制造业的核心区，在自动化装备、人工智能机器人、智能工厂集成式解决方案等领域全球领先，为本地制造业转型提供了坚实支撑。为此，东京大力推动智能装备在制造业的全面应用，逐步落地“人机互动及合作”的生产模式，全面提升了东京制造业在全球的竞争力，实现了东京—横滨地区“制造集群”向“智造集群”的跃升。

2. 鼓励国家级研究和教育机构向新型研发机构转型，超前布局前沿技术和未来产业

筑波科学城是20世纪60年代日本效仿美国硅谷，从国家层面部署的创新科技园区，也是日本最大的高等教育与科研基地。经过60年的发展，筑波科学城已发展成一个以筑波大学为依托、汇集日本全国30%科研机构、40%科研人员、50%政府科研投入，以及140个高端人才的大型综合性科技园区①。2001年，筑波科学城实行法人化改革，将国家级研究机构悉数转型为独立行政法人，进而发展成为新型研发机构。在新的管理制度和科技政策支持下，筑波科学城内部研发活动层次显著提高，推动了技术产业化应用，加速了科技成果转化与扩散。在筑波科学城内，企业与筑波大学及各类研究机构建立合作关系，通过联合研究、合同研究等方式解决技术需求，跨越了成果转化的“死亡之谷”。筑波科学城内的产学研合作着重于基础研究环节，技术成果主要来源于国立研究和教育机构。作为基础研究之城，近年来筑波科学城提出了“面向未来推进全球化创新”的口号，依托全国最大的国际性研发基地，以促进实现健康长寿社会和低碳生活为目标，构建产学研合作的新平台和新模式，重

① 数据来源：http：//www. sjkfq. com/news/179. html。

点聚焦“新一代癌症治疗技术”“生活支援机器人的实用化”“藻类生物能源的实用化”“打造世界级纳米技术基地”“新药品和医疗技术研发”“核医学检查药剂国产化”“打造机器人医疗器械和技术的生产基地”等领域开展科技研发与产业化项目①（见表6－1）。

表6－1　筑波科学城国家级研究和教育机构名单

相关部委和机构	研究所名称
内阁办公室	日本国立档案馆筑波分馆
总务省	NTT接入服务系统实验室
外交部	日本国际协力机构筑波中心
教育部	国立大学法人筑波大学、国立大学法人筑波工业大学、高能加速器研究机构（大学共同使用机构）、国立科学馆筑波区（筑波实验植物园）、全国学校教师和职员学院、国家地球科学与防灾研究所、国家材料科学研究所、日本宇宙航空研究开发机构（筑波宇宙中心）、国家研究开发公司RIKEN、研究交流中心
厚生劳动省	美国国立生物医学创新、健康与营养研究院灵长类医学科学研究中心、美国国家生物医学中心、健康与营养药用植物资源研究中心
农林水产省	农林水产技术协议秘书处筑波产学合作支援中心、国家研究开发公司农业和食品工业技术研究机构（农业研究机构）、日本国际农林水产研究中心、森林研究与经营机构、国家研究开发署森林研究所、横滨植物检疫所筑波场
经济产业省	产业技术综合研究所
国土交通省	日本地理空间信息局、国家土地和基础设施管理研究所、国家研究开发公司公共工程研究所、国家研究开发公司建设研究所、日本气象厅气象研究所、日本气象厅高层气象站、气象仪器认证检测中心
环境部	国家环境研究所

数据来源：综合赛迪顾问、上海远博志城经济咨询等资料整理而成。

① 数据来源：https：//baijiahao. baidu. com/s？id＝1742485940393966113&wfr＝spider&for＝pc。

3. 构建多层次金融支撑体系，帮助中小企业破除融资障碍、增强经济活力

日本是世界上中小企业融资体系最完善的国家之一，东京是日本最主要的银行集中地。作为国际知名的金融城市，东京金融市场结构完善，拥有东京证券交易所、东京工业品交易所、东京国际金融期货交易所等多个交易所。同时，东京—横滨地区金融机构众多。2022 年于东京都注册的金融公司约占全国的 54%，东京都内初创企业融资金额占据全国 80%以上。一方面，日本政府高度注重发挥政策性金融机构作用，成立了国民金融公库、中小企业金融公库、商工组合中央公库、环境卫生金融公库等，为东京—横滨地区中小企业发展提供了重要支撑。另一方面，政府还出资设立了信用保证协会——东京担保协会（Credit Guarantee Corporation of Tokyo，CGCT），东京都政府与 CGCT、东京金融机构合作，推出了多样化贷款方案，为东京地区企业提供便利的融资和信用担保服务。日本政府由宏入微地搭建政策性主体、商业性主体以及行业互助组织，综合使用直接融资和间接融资两种方式打通中小企业的融资障碍，与创新保护制度一同为培育企业家精神提供了坚实土壤。

（二）旧金山湾区：完善协同创新体系，保持高技术产业全球领先

旧金山湾区成为全球创新中心和高新技术产业集聚区，离不开大学、实验室与企业之间形成的创新驱动、良性循环的高新技术产业创新体系。该体系具有产学研之间协同创新的特点。例如，大学参与政府实验室管理、鼓励开展跨学科合作研究、共建联合实验室以及高科技企业为大学提供实验室等都是创新体系的特征表现。

1. 打造完善的“政产学研”协同创新生态，以创新引领区域高质量发展

政产学研科技协同创新生态系统是旧金山湾区引领全球创新的关键①。旧金山湾区具有一系列完善的创新体制，这是其政产学研科技协调创新的重要保障。政府根据实际情况分门别类地出台系列鼓励、激励政策，为创新持续发展提供环境和制度保障，打造具有全球吸引力和世界影响力的创新创业基地。旧金山湾区不仅有政府直接购买科研成果的“入驻企业家”等科技成果市场化机制，还有良好的科技成果转化机制。例如，大学通过制定产业联盟计划，大力鼓励和引导教师、学生和研究人员踊跃参与企业的创新创业，学生可以因创新创业随时休学，老师也可以因研究工作而调整教学工作安排，并支持老师和学生兴办企业或在企业兼职。这种体制机制直接、全面促进了大学与企业之间的无缝衔接和合作，推动科研成果的市场化、产业化和商业化。科技猎头公司与风险投资公司与大学和创新创业企业紧密联系形成紧密的合作机制，共同推动创新进步②。

2. 构建以风投为主的科技金融体系，促进高技术产业快速成长和创新发展

旧金山湾区依托发达的风险投资为主体的金融体系，在高新科技与金融资本之间架起了桥梁，为湾区高新技术及创新科技提供了充足的资金保障。2018 年，旧金山湾区的风投资金占同期全美风投市场的 52.6%。

① 覃晓艳．高等教育集群在旧金山湾区科技创新体系中的角色和作用研究［J］．世界教育信息，2021（5）：52 – 57.

② 黎友焕．旧金山湾区政产学研协同创新对粤港澳大湾区的启示［J］．华南理工大学学报（社会科学版），2020（1）：1 – 11.

即使疫情期间，美国仍然是风投主体最热衷的区域：2021 年美国吸引了 3290 亿美元风投，接近全球风投融资总额的一半。其中，城市集群的吸金能力位居前三，分别是硅谷所在的旧金山湾区（1009 亿美元）、纽约（475 亿美元）、波士顿大区（299 亿美元）[①]。PitchBook 和美国国家风险投资协会的统计显示，2021 年美国风投交易达创纪录的 17054 宗。风投业的发展极大促进了科技创新能力的提升，旧金山湾区几乎 90% 的高新技术企业是通过风投模式发展起来的。此外，湾区还形成了完整的投资体系，即由天使投资、风险投资和私募投资组成，并在企业发展的不同阶段进行投资。湾区还拥有完备的资本市场，以纳斯达克等市场为中心，通过 IPO 或协议转让的方式，为风投资金的退出提供了渠道。

3. 建立高新技术企业技术成果市场化机制，加速科技成果产业化

旧金山湾区的科创企业是科技创新的中坚力量。谷歌、惠普、英特尔等科技巨头企业在人工智能、电子信息、量子技术等战略性新兴产业领域积极布局，抢占技术前沿；中小企业则在细分领域深入挖掘具有潜在商业价值的技术创新，并真正让这些技术从实验室走向市场。《中小企业技术革新促进法》《社区优惠法案》等文件提出按法定比例对高新技术企业提供经费资助，鼓励具有技术专长的科技人员创办高新技术企业，并以法律形式规定税收减免返还、土地出让等优惠政策，充分激发了旧金山湾区企业的技术创新活力。美国政府建立了完善的市场化机制确保从高新技术到市场产品的转化，并通过直接购买科研成果等方式推动技术产业化。得益于良好的创新环境和强大的政策支持，来自全球的新知识、新发明和新技术在旧金山湾区快速实现产业化。

---

① 紧随其后的是亚洲地区，共吸引了 1690 亿美元的风投；欧盟位居第三，为 1150 亿美元。数据来源：调研机构 Dealroom。

（三）纽约湾区：构建开放创新生态，吸引全球科技企业和人才集聚

纽约湾区凭借便利的交通条件、发达的金融业等优势吸引了大量的科技创新人才，拥有哈佛大学、麻省理工学院等世界名校，聚集了数量众多的金融从业者；美国七大银行中的六家银行总部以及超过 3000 家的金融、期货等机构，孕育了数百家引领全球创新创业潮流的科技创新企业，形成了“金融 + 文化 + 制造业”的发展模式，成为新一代国际科技创新中心。纽约湾区科技创新驱动高质量发展的特点是以资本链、人才链为原动力，不断推动创新链、产业链、政策链“多链融合”，以此促进区域科技创新和产业协同发展。

1. 重视科技金融体系建设，吸引高科技企业集聚

纽约湾区是世界上最先探索和建设科技金融生态系统的区域，拥有全球知名的金融创新实验室，为推动湾区的金融创新发挥了巨大的作用。科技成果的转化和创新创业的持续推进过程中都会面临资金匮乏的问题，纽约湾区则运用其强大的金融实力为创新创业活动保驾护航。首先，政府制定并实施了金融去监管化的政策，通过市场自由化改革开放资本、汇率和利率市场，允许外资金融机构以国民待遇进入，吸引了全球的金融资源，并为存在融资困难的小微企业和初创企业制定了企业融资补充计划，设立“纽约创业投资基金”等专项融资激励基金，专为这些企业提供融资服务。其次，政府出台了多项优惠政策来支持科创企业的发展，包括租金优惠、税费减免、商业扩张鼓励计划、企业搬迁及就业扶助计划等，为科技企业营造了良好的金融生态。

2. 实施开放的技术移民政策，广泛吸纳高层次人才

纽约湾区以国际移民之都著称，是全球人员流动最频密的区域。近年来，湾区内基础设施、高等教育、高端服务业的快速发展，不断吸引高层次科技人才和投资者通过留学、创业、投资等方式移民落户。相关统计数据显示，2010—2020 年纽约湾区累计净增加 88.6 万国际移民，其中纽约市净增加 51.9 万国际移民，占纽约湾区净国际移民的 58.6%。纽约湾区人口向美国其他地区迁移的特征也非常明显，2010—2020 年纽约湾区累计向美国其他地区净输出 166.5 万人，其中纽约市约占 63.1%①。大量移民对纽约湾区经济的影响是多方面的，不但缓解了其发展建设中日益尖锐的劳动力短缺压力，而且为其带来了庞大的资本和先进的技术，大大加快了纽约的城市化进程。此外，纽约湾区依托高校和研究机构，通过实施“加强合作研究伙伴关系计划”“全球科技创新行动计划”等国际科技合作计划，柔性引进外国科学家等方式开展科技合作。

三、经验启示

随着国家重大战略的全面实施以及国际科技创新中心建设的不断推进，大湾区依靠创新引领区域高质量发展取得了显著成效。但与国际一流湾区相比仍存在差距。通过对国内核心城市群依靠科技创新引领高质量发展的典型做法，以及全球三大湾区依靠科技创新推动区域高质量发展的有益经验的梳理，可以得到如下启示。

① 王京生．人才流动与粤港澳大湾区高质量建设［N］．中国社会科学报，2023－01－19.

（一）高质量的协同创新体系是大湾区实现高水平科技自立自强的核心引擎

纵览全球发展大势，以城市群、都市圈为代表的区域经济增长极，长期扮演着科技创新引擎的角色，对于实现高水平科技自立自强和区域高质量发展至关重要。近些年，无论是国内核心城市群，还是三大国际湾区都非常注重优化区域创新资源要素配置，构建与之相匹配的高质量区域协同创新体系，不断塑造发展的新动能新优势。随着新一轮科技革命与产业变革加速演进，科技创新前沿的复杂程度持续攀升，为了集中力量打好关键核心技术攻关战，既要推进由高水平创新主体主导的深耕细作式创新，又要推进京津冀、长三角、粤港澳大湾区以及成渝经济圈等创新增长极在更大区域层面实现产业链创新链共构的协同联动式创新，这些都需要有高质量的协同创新体系予以支撑和驱动。对于大湾区来说，需要明确湾区内部各地区产业布局和功能定位，持续加强粤港澳三地创新资源的对接和合作，逐步建立大湾区常态化科技合作机制，探索突破创新要素跨境流动的限制，加强大湾区内部创新资源优化配置，形成多元互补的良性发展格局。

（二）高等教育的创新发展在区域高质量发展中发挥着重要支撑作用

教育和人才是科技创新推动高质量发展的重要支撑。从以上经验做法可知，旧金山湾区依托斯坦福大学、加州大学等高等院校构建了世界领先水平的高等教育集群，造就了与硅谷“和谐共振”的奇迹。长三角地区成立高水平大学联盟，推动产学研深入融合，为产业发展提供了所需人才。因此，为了促进大湾区教育和产业的融合发展，第一，要优化湾区高校的学科结构、推动科教融合，大力支持本土高校冲刺世界一流水平，并引进世界知名大学以及鼓励中外合作办学，在中心城市构建以世界一流高校为引领、各种类型与层次的大学共同发展的高水平大学集群，打造重要的原始创新策源地。第二，要推进科研管理体制改革，鼓励高校和科研院所与企业加强合作，共同承担科技计划项目、建设新型研发机构、培养满足企业需求的高素质技能型人才。第三，由政府引导建立一批专业的产学研协作平台，促进产学研深度融合，推动科学技术成果快速转化落地。

（三）超前布局具有国际竞争力的高端产业体系是持续发挥引领作用的关键

国内核心城市群和国际三大湾区建设均正在经历或者已经完成了漫长的产业转型升级过程，共同点在于都充分利用时下的新技术和新工艺，持续推动产业向技术密集型和知识密集型转型升级。例如，东京湾区依托东京—横滨科技集群，推动传统制造业向高端化和智能化转型；长三角地区依托 G60 科技走廊建立产业创新联盟，推动重点领域技术创新；京津冀为推动区域产业竞争力提升，共建产业创新平台。因此，积极布局大湾区未来产业和加快发展重点优势产业，对于持续推动区域高质量发展至关重要。一是需要围绕战略性新兴产业和重点科技领域，吸引一批高水平创新人才和新型科技企业入驻，形成具有当地特色的优势主导产业。二是需要把握人工智能、数字经济等新一轮科技变革带来的发展机遇，利用数字技术赋能产业转型升级，以数字化建设为重点加快改造传统产业，推动制造企业的产品技术创新、组织管理创新和商业模式与服务方式创新。三是需要加快培育具有高成长性的未来型高新技术企业，鼓励企业加大研发投入、加强研发合作，完善以企业为主体、市场为导向、产学研深度融合的技术创新体系。

（四）完善的科技金融生态体系是大湾区成长为世界级湾区的重要驱动力

从纽约、东京、旧金山湾区等国际先进经验来看，湾区是带动经济发展的增长极和引领技术创新的领头羊，金融业发展则在湾区建设中具有不可替代的重要作用。目前，大湾区已经拥有香港、深圳和广州三大金融中心，其金融机构、金融市场、金融资产等方面的规模实力在中国乃至世界都具有重要影响，加快推动大湾区金融市场互联互通、建设大湾区统一的金融市场，不仅前景广阔而且具有重要的战略意义。推动大湾区科技金融快速发展，促进大湾区境内外金融市场有效联通和境内外金融资本便捷流动，以资金资本互联互通和优化配置带动资源集聚、产业发展和经济融合，有助于推动大湾区高质量建设和发展，可以更好地发挥科技金融在支持大湾区国际科技创新中心建设中的融资、融智作用，在更大范围、更宽领域上满足大湾区创新中心建设的资金和产业转型升级需求。

第七章　粤港澳大湾区创新驱动高质量发展的对策建议

当前，世界百年未有之大变局加速演进，新一轮科技革命和产业变革深入推动全球科技竞争加剧、创新版图重构和产业经济结构重塑。2023 年 12 月中央经济工作会议提出，要以科技创新推动产业创新，特别是要以颠覆性技术和前沿技术催生新产业、新模式、新动能，发展新质生产力。大湾区作为我国市场经济高度活跃、科技产业发达、社会繁荣稳定的地区之一，在新征程中被赋予“国际科技创新中心和综合性国家科学中心建设”的目标任务，肩负着打造高质量发展示范地的重要使命和为推进中国式现代化贡献更多“高新”力量的重大责任。这就要求大湾区在继承巩固和创新发展中，要进一步聚焦国家战略需求，通过更高水平开放和更深层次改革，全面提升创新策源能力和全球资源配置能力，不断探索科技成果转化为现实生产力的新路径、新模式、新动能，扩大新技术新产业蓬勃发展的新赛道、新市场，努力将自身建设成的引领全国高质量发展的重要动力源。

一、新思路和新要求

2023 年 4 月，立足建设中国式现代化发展大局，习近平总书记在考察广东时明确提出"使粤港澳大湾区成为新发展格局的战略支点、高质量发展的示范地、中国式现代化的引领地"。这一新的战略定位为新征程上高标准高质量深入推进大湾区建设指明了前进方向、提供了根本遵循。

高质量发展本质上是创新驱动发展，坚定不移走好高质量发展之路，就要抓住科技创新这个"牛鼻子"，把创新落到企业上、产业上和发展上，不断解放和发展生产力。对此，习近平总书记创造性提出新的生产力理论，强调发展新质生产力是推动高质量发展的内在要求和重要着力点，指出新质生产力由技术革命性突破、生产要素创新性配置、产业深度转型升级而催生，深刻阐明了发展新质生产力同科技创新和产业创新的关系。从"新发展阶段"到"新发展理念"到"新发展格局"再到"新质生产力"，这一系列新理念新思想新战略新部署，让推动高质量发展成为全社会的共识和自觉行动，成为新时代经济发展的主旋律，也让新时期大湾区推动高质量发展有了更加明确的方向和抓手。

（一）强化国家战略科技力量的引领示范

国家战略科技力量是提升我国关键领域科技创新能力的核心骨干。大湾区集中力量建设的综合性国家科学中心，是国家科技领域竞争的重要载体，是国家创新体系建设的基础平台，有助于突破重大科学难题和前沿科技瓶颈，显著提升中国基础研究水平和原始创新能力。因此，加快推进大湾区高质量发展，要紧紧围绕"国际科技创新中心和综合性国家科学中心建设"的战略目标，一方面强化三地创新资源协同融合，建立创新链利益共同体，充分发挥国家实验室、全国重点实验室、高水平研究型大学、科研院所、科技领军企业等国家战略科技力量的"领头羊"作用，协同培育和发展新质生产力，促进基础研究和应用研究领域的优势互补与城市科技创新的联动发展，建设重点领域世界领先的现代科学中心。另一方面要大力推进大湾区重大科技基础设施集群建设，为新一代信息技术、高端装备、新材料、新能源等新兴领域的基础研究和应用基础研究提供关键基础设施支持，将大湾区打造成重大原始创新策源地。

（二）探索产业链供应链协同发展的领先模式

作为中国经济高质量发展的重要动力源，大湾区传统制造业基础雄厚、新兴产业集聚效应明显、对外开放程度高、企业创新能力强，人才创业活力足。尤其是海陆空立体化物流运输能力，即使与世界知名三大湾区相比仍居于全球领先地位，这是大湾区探索产业链供应链协同发展领先模式的比较优势，也是依靠科技创新不断夯实“实体经济为本、制造业当家”的根基、引领支撑大湾区高质量开放发展的重要着力点。因此，首先要注重提升以科技创新赋能大湾区产业链供应链协同发展能力。坚持以服务先进制造业为引领，推动互联网、大数据、人工智能等数字技术和实体经济深度融合，促进港澳金融要素加速流通和大湾区供应链转型升级。其次要进一步增强大湾区内各类创新要素跨境流动规则的互联互通，进一步加强区域合作、推动市场一体化、促进新生产要素的便捷流通。最后要积极参与并推动供应链区域化和木地化进程，发挥区位优势大力提升交通物流的通达性和供应链安全韧性，巩固对外开放、对内辐射的内引外联作用，实现国际国内两个市场、两种资源有效对接，提升大湾区产业链创新力供应链开放水平。

（三）构建高水平国际化的科技开放合作体系

构建开放协同的创新生态系统是全球知名国际科技中心发展的共同

特征。大湾区在“双循环”新发展格局中建设国际科技创新中心和综合性国家科学中心，要实现更加开放而不是封闭，要强调对全球创新资源的集聚利用和优化配置，而不是拥有。大湾区具有“一国两制”的特殊性，如何高水平地构建国际化科技开放合作体系是建设国际科技创新中心的关键，是需要粤港澳三地合力推进的重点领域。习近平总书记在视察香港科学园区时指出，“希望香港发挥自身优势，汇聚全球创新资源，与粤港澳大湾区内地城市珠联璧合，强化产学研创新协同，着力建设全球科技创新高地”。这就要求，一方面要进一步融通大湾区内创新链条，即将港澳基础研究较强、金融及专业服务发达、研究水平国际认可度高的创新优势与大湾区内地城市有完整现代产业集群、强大市场驱动力的优势融通，形成大湾区科创的裂变效应。另一方面，要构建贯通全球的创新网络，即通过强化粤港澳科技联合创新，探索开放、多元、融合的综合性国家科学中心建设路径和科技创新举国体制的“湾区模式”，推动创新平台载体国际化、要素配置国际化、方向路线国际化，将大湾区打造成我国深层嵌入全球创新网络的“桥头堡”、具有全球竞争力的国际科技创新中心。

（四）为全球绿智发展贡献更多“中国方案”

大湾区要率先实现高质量发展，必须充分发挥数字技术与数字经济的驱动作用。因此，“数字湾区”建设被看作推动大湾区绿智转型发展的重要推手、更好打造中国式现代化的动力源和发展极，能够为全球绿色发展贡献更多“中国方案”。主要包含以下几方面：一是激活经济，发挥数据要素的核心引擎作用，以数字技术与实体经济深度融合为主线，推动经济社会和产业发展各领域全面实现数字化改造或转型，通过数字技术等优化资源配置，促进区域协调发展，提高全要素生产效率。二是增强供给，借助数字技术促进产品和服务更加贴近人民的需求，满足多样化个性化需要。比如，聚焦教育、医疗、养老、托幼、就业、文化、体育、助残等重点领域，推动数字化服务普惠应用，增强群众对公共服务的体验度和获得感；又如，推动企业深化研发设计、生产制造、经营管理、市场服务等环节的数字化渗透，不断强化个性化、定制化服务，推动产业细分和蜕变，催生新产业、新模式、新形态、新场景，延伸产业链条，拓展经济门类。三是贯通体制，利用数字技术跨越时空、兼容并包的品质和高创新性、强渗透性、广覆盖性的特点，打破三地体制障碍，促进跨区域机制联动，化解利益约束。四是优化治理，即将数字技术广泛应用政府管理服务，推动政府治理流程再造和模式优化，全方位实现智能化运作，以数字化促进粤港澳三地经济发展、公共服务与社会治理深度融合。

二、重点任务

（一）培育壮大国家战略科技力量

1. 围绕重点领域打造若干个国家实验室

充分发挥鹏程实验室、广州实验室等国家实验室的牵引作用，优化国家实验室“央地协同”管理机制，推动建设以重大任务攻关和重大科技基础设施与平台建设为牵引的“新型举国体制”；建立完善跨领域、跨学科的协同攻关机制。依托横琴、前海、南沙、河套等重大合作平台，围绕信息技术、生命科学、生物技术等关键技术领域，打造若干个国家实验室，聚焦基础性、战略性领域的关键核心技术展开攻关。深入推进大湾区量子科学中心建设，探索打造“一国两制”下科教融合发展新范式，打造量子领域国家战略科技力量。

2. 加快推进全国重点实验室优化重组

聚焦未来产业和战略性新兴产业发展需求，进一步整合湾区内优势科技资源，推动现有粤港澳联合实验室升级为全国重点实验室。加强省重点实验室队伍建设，采用“省市共建、以市为主”的方式加快建设一批基础研究类、技术攻关类省重点实验室。探索实施省重点实验室“积分制”，建立“有进有出”动态管理机制，打造全国重点实验室“预备队”，促进省重点实验室体系优化重组。

3. 发挥高水平研究型大学和科研院所建制化组织作用

以重大任务为牵引，支持粤港澳高水平研究型大学通过跨领域、跨学科、跨部门“联合作战”的方式，探索建制化科研攻关组织模式。支持中山大学、华南理工大学、南方科技大学、暨南大学等“双一流”高校发挥多学科、多领域基础研究和前沿技术的建制化综合优势，广泛联合港澳知名高校和科研院所，加强海洋、能源、材料、信息等领域的协同创新。支持三地高校院所围绕国家重大战略需求和产业发展需要，布局建设未来技术学院、学科交叉中心等交叉研究平台。设立跨学科博士生培养专项、交叉学科研究专项，大力推进新工科、新医科、新文科等新兴交叉学科发展。

4. 强化企业科技创新的主体地位

推动实施科技型中小企业“铺天盖地”计划、高新技术企业“扩容倍增”计划、创新型领军企业“顶天立地”计划；推动大湾区人才、资金、政策、项目等创新资源要素向创新型企业集聚，完善覆盖企业初创、成长、成熟阶段的政策服务体系。支持科技领军企业与国家实验室、全国重点实验室、高水平研究型大学、新型研发机构开展创新合作和资源对接。支持创新型企业承担国家、省和各级科技计划项目、重点研发计划、科技成果转化专项资金计划，发挥企业在产业关键核心技术攻关方面的主体作用。

（二）推动教育科技人才一体化发展

1. 构建与大湾区产业结构相适应的人才教育体系

加快推进“双一流”大学建设，支持香港科技大学（广州）、香港中文大学（深圳）、澳门大学横琴校区创新发展。增强研究型大学培育基础研究人才主力军作用，引导应用型大学调整学科结构适应湾区产业，以发展需求推动职业教育体系从培养传统产业工人向培育新兴产业工程师转变。结合大湾区支柱性产业和战略性新兴产业发展特点，加强特色学科（学院）和新兴学科建设。结合科创湾区的战略定位，加大理工农医类专业人才培养。提升大湾区人才培养层次和水平，大力发展研究生教育，注重培养具有较强创新意识、研究能力的学术型研究生，以及面向大湾区经济社会和产业发展需要、具有较强应用能力和职业技能的专业型研究生。

2. 推动大湾区高校依据产业发展需求布局创新资源

重点围绕大湾区经济社会发展和企业需求，优化高校科技创新项目布局，促进人才优势、平台优势和项目优势融合，打造“以优势学科发展为根基、领军科技人才为先导、校地协同创新平台为抓手”的特色化科技成果转化体系。依托三地高水平大学搭建一批科技创新成果孵化和应用平台，打造完善的产业技术创新生态系统，实现创新要素跨境流动、互补。支持粤港澳高校以产业需求为出发点，组建跨院系、跨专业、跨校企的混编教师教学团队和科教创新团队，集聚企业、院校和社会人才力量共同开展重大核心技术攻关。

3. 深化粤港澳产学研合作，加速科技成果产业化

推动粤港澳共建科技创新平台，支持港澳高校、科研院所与珠三角企业共建新型研发机构和技术转移机构；鼓励粤港澳各创新主体围绕重点产业、技术领域组建一批跨区域产业技术创新联盟，合作开展关键技术研发、科技成果集成创新和技术转移转化等。建立大湾区高校院所科技成果库，通过组织企业、风投机构与人才团队对接，植入资金链、打通创新链、整合产业链，加快推动科技成果与产业、企业需求有效对接，打造集科研、资本、教育、人才、产业于一体的创新策源地。

（三）聚焦前沿领域加强基础研究和应用基础研究

1. 加快推进重大科技基础设施建设

加快推进中国散裂中子源二期、江门中微子实验站、强流重离子加速器装置、加速器驱动嬗变研究装置等国家重大科技基础设施建设。推动国家超级计算中心广州中心和深圳中心扩容升级。依托大科学装置建设，支持港澳和大湾区内地高校、科研机构联合申报国家重点基础研究发展计划、国家高技术研究发展计划、国家科技支撑计划和国家科技重大专项。设立大湾区科研基础设施决策机构，发起和组织有关大型科研项目、国际论坛等。

2. 探索设立一批“研究特区”

在河套合作区深圳园区内探索设立一批“研究特区”。以5年为一个周期，赋予“研究特区”科研自主权，在科研选题、项目组织、科技奖励、高端人才引培等方面给予政策支持；允许自由选题、自行组织科研、自由使用经费，探索有利于加强基础研究和提升“从0到1”创新能力的科研生态体系。鼓励“研究特区”内各试点机构创新内部管理机制，重点在探索非共识项目的遴选机制、实施项目专员制度、改革人才和成果评价制度、建立容错机制等方面开展先行先试。

3. 加大对科研项目的支持力度

充分发挥粤港澳三地高校、科研院所在基础研究与应用基础研究领域的主动性，推行首席科学家责任制、基础研究经费使用“包干制”，支持高校及科研院所主动开展基础研究与应用基础研究。加大与国家自然科学基金委合作力度，推动国家、省、市（区）三级财政资金重点投向科学中心基础研究领域，资助在新一代信息技术、人工智能、新材料、新能源、生物医药、高端芯片等科学领域开展基础科学研究，鼓励粤港澳三地科研人员合作实施基础和应用研究重大专项。

（四）加快打造一批高水平新型研发机构

1. 支持粤港澳三地共建新型研发机构

聚焦人工智能、健康医疗、金融科技、智慧城市、物联网、能源新材料等港澳优势领域，支持粤港澳联合共建新型跨境研发机构。支持新型跨境研发机构承担粤港澳跨境科研计划以及国际科研计划，开展关键核心技术联合攻关和促进科技成果跨境产业化。吸引国内外一流高校、大型国有企业、世界500强企业、外资研发型企业、科研机构和高层次创新团队在重大合作平台内设立或共建新型研发机构，开展关键技术研发、成果转化和技术示范应用。

2. 鼓励新型研发机构开展体制机制创新

对大湾区内新型研发机构实行以任务为导向的财政经费预算和经费使用负面清单管理制度，建立以创新绩效为核心的中长期综合评价机制，评价结果作为经费资助、负责人考核和机构存续的重要依据。推动新型跨境研发机构科技合作管理机制创新，促进港澳和内地创新链对接联通，推动三地间科技成果高效转化。支持新型研发机构优先享受科研人员通关、科研进口设备免税、科学研究数据跨境互联互通等相关政策试点。

（五）积极布局一批高水平产业技术平台

1. 做实做强国家级产业技术创新平台

出台支持大湾区国家技术创新中心体制机制改革创新的政策措施，建立健全财政“稳定支持+退坡机制”，打造“有组织科研+有组织成果转化”枢纽平台，加快赋能、赋权、赋资体系。推动核心总部、直属平台、分中心和若干企业联合创新中心等建设，在河套谋划建设大湾区国际总部，加快实现关键技术集群式突破和科技成果协同转化新局面。依托工业软件产业发展中心、粒子应用技术创新中心、聚华国家新型显示技术创新中心、深圳清华大学研究院、中科院深圳先进技术研究院、华中科技大学工业技术研究院等，协同港澳推进建设一批重大创新平台，打造若干国家级产业创新高地，集中突破一批产业关键核心技术。

2. 加快培育一批省级产业技术创新平台

支持科技领军企业联合港澳高校院所组建联合实验室、新型共性技术平台等，解决跨行业、跨领域关键共性技术难题。引导粤港澳科技领军企业打造开放式创新平台，促进大中小企业实现融通发展。支持各类创新平台承接国家/省级重大科研任务，适时推动其升级为省级技术创新中心、产业创新中心、制造业技术中心。发挥科技领军企业“出题人”“答题人”“阅卷人”作用，支持各类科技创新平台承担企业重大核心技术攻关任务。

（六）持续完善科技创新创业孵化链条

1. 进一步强化创新创业孵化平台建设

支持香港科技大学、香港理工大学、澳门大学等高校与科技领军企业联合建设运营一批专业孵化器和加速器，促进港澳高校科技成果落地广东。鼓励海内外创新主体创办企业管理、财务咨询、市场营销、人力资源、法律顾问、知识产权、现代物流、技术转移等国际化专业化服务机构，全面提升大湾区创新创业综合服务水平。鼓励粤港澳三地高校、科研院所、领军企业牵头，组建未来产业概念验证中心、医学成果概念验证中心等概念验证平台，加快建设一批高水平中试验证平台或中试熟化基地，促进科技成果转移转化。

2. 全面提升大湾区科技金融服务能力

积极开展外商投资股权投资类企业（QFLP）、基础设施领域不动产投资信托基金（REITs）、数字人民币、金融科技创新监管等试点工作，提升金融服务科技创新主体的能力。推动大湾区内各类政府投资基金统筹联动发展，引导社会资本投向关键技术领域和初创型科技企业。采用“公益资助＋股权投资”模式，推动社会资本联合国家和省实验室、高校、科研院所、科技园区、行业龙头企业和专精特新中小企业等，支持大湾区原创核心技术、前沿颠覆性技术突破并向现实生产力转化。加快大湾区国际商业银行筹建，探索设立大湾区科技保险、科技金融租赁等创新型金融机构，建立三地科技企业征信评估查询通道，推动跨境金融服务不断完善。

3. 打造一批港澳青年创新创业基地

进一步发挥前海、南沙、横琴、河套港澳青年创新创业基地的辐射带动作用，在内地九城市建设一批港澳青年创新创业基地，进一步完善港澳青年在内地的创新创业环境。依托各城市创新创业基地，加快建立与国际接轨、更加积极开放高效的人才政策体系，促进粤港澳职业资格互认，进一步拓展港澳专业人才在创新创业基地的执业空间。

（七）加快推进科技人才队伍建设

1. 依托重大平台项目引育战略科学家

依托大湾区重大创新平台和科技项目，开展顶尖领衔科学家支持方式试点，围绕国家重大战略需求和前沿科技领域，遴选全球顶尖领衔科学家，给予持续稳定的科研经费支持，在确定的重点方向、领域、任务内，由领衔科学家自主确定研究课题，自主选聘科研团队，自主安排科研经费使用。在大湾区各城市内探索建立首席科学家负责制，对引进的战略科学家、重点产业领域的科技领军人才和创新团队推行“绿色通道+政策定制”服务，全程跟进定向服务，做到引得进、留得住、用得好。

2. 加强青年科技人才培养使用

实施粤港澳青年科技人才锻造计划，鼓励各类国家级、省级科技创新平台面向青年科技人才自主设立科研项目，由40岁以下青年科技人才领衔承担的比例原则上不低于40%。将青年科技人才的结构比例、领衔承担科研任务、取得重大原创成果等培养使用情况纳入各创新平台绩效评估指标。支持在国家级、省级重大科技任务、关键核心技术攻关和应急科技攻关中大胆使用青年科技人才，40岁以下青年科技人才担任项目（课题）负责人和骨干的比例原则上不低于50%。鼓励三地高校、科研院所、企业等主体积极推荐活跃在科研一线、负责任讲信誉的高水平青年科技人才进入各地科技专家库。

3. 打造卓越工程师和高技能人才队伍

推动三地高校院所和龙头企业加强新一代数字技术、生物技术、新能源、高端装备等新兴产业领域的卓越工程人才培养。支持采用工学交替、高校教师和企业专家共同讲授，企业导师进驻课堂的模式培养一批高技能人才。依托大湾区产教融合技能人才培养联盟，鼓励联盟成员实施“卓越工程师”“先锋设计师”“首席工匠师”培育工程，加强先进制造业高技能人才培养。

（八）主动融入全球科技创新网络

1. 共同推进大科学计划和大科学工程

围绕生命科学、材料科学、环境科学、海洋科技等领域，支持粤港澳三地共同参与或发起面向全球的“大湾区国际大科学计划”。充分发挥首席科学家的号召力，通过项目招标制、揭榜制向全球招募人才，吸引国际顶尖科研团队，建立大科学计划海外专家库。遴选具有较高科研实力及合作意向的组织和团队，组建高水平、跨国别的国际科研合作团队参与大科学计划和大科学工程。由广东省科技厅联合澳门经济及科技发展局、香港创新科技及工业局共同设立国际大科学计划奖励基金，推动大湾区高水平高校、科研机构共同参与国际大科学计划。

2. 积极搭建国际科技合作交流平台

依托西丽湖论坛，围绕生命科学、材料科学、环境科学、海洋科技等细分领域打造一批主题论坛，加快该领域科技重大专项实施及成果转化。围绕产教融合、科教融合、科技与金融结合等领域，积极举办一系列高峰论坛，推动原创科学思想、科技成果、科技资源的交流，将西丽湖论坛打造成为具有国际影响力、彰显大湾区特色、体现融合创新特点的国际创新论坛品牌。支持广东省政府联合港澳特区政府共同举办大湾区科学论坛，并在香港组织分论坛或平行论坛，扩大论坛国际影响力。

3. 建立国际化人才联合培养机制

依托大科学计划和大科学工程，建立国际化高层次科技人才培养机制，充分发挥三地合作机构资源优势组建跨地域、跨学科的合作平台，着力培养大科学计划运营管理人员、高水平科技人才等。积极开展大湾区交流研修和访问学者计划，面向三地“双一流”高校选拔一批骨干教师和科研人员到全球进行跨境访问及研究学习，拓宽研究领域和研究视野，提升科研水平。

（九）促进科技创新资源开放共享

1. 搭建科技资源大数据平台

以河套、横琴、前海、南沙等四大平台为试点，以科技信息资源和科技成果资源的共享为突破口，共同建立粤港澳三地科技信息资源共享平台和科技成果网上交易平台。充分发挥各城市的特色资源优势，构造覆盖三地的科技信息和科技成果内网。推动粤港澳三地科研院所、高校交流共享学科方向、优势研究领域和科技成果等信息，联合共建科技教育信息网，提高基础资源的共享水平。

2. 提升科技创新券共享服务水平

进一步扩大科技创新券在大湾区的覆盖面，并在科技部指导下推动创新券跨地区互认互通。支持内地九市结合广东省科技厅在各地现有的开放共享科学平台服务资源，对高校、科研院所、重点企业的各类重点实验室、工程（技术）研究中心、分析测试中心及大型科学设施中心等基地平台开展调研，摸清科学仪器设备情况，建立大湾区创新券互认的开放共享科研平台机构及科学仪器名录，推进科技资源跨域共用共享。

（十）建立健全关键技术联合攻关的新型举国体制

1. 强化顶层设计和统筹协调

推动中央层面在顶层设计上给予统筹协调和指导支持，构建央地制度化协商机制，提升决策效率，打破湾区内部信息孤岛。成立专门的大湾区科技产业创新合作机构，充分发挥市场在资源配置中的决定性作用，推动有效市场、有为政府紧密结合，协调与整合大湾区内的创新与合作。

2. 集聚和调动多方力量开展协同攻坚

支持粤港澳围绕通信电子信息、新能源汽车、新材料、生物医药等重点产业跨区域组织专业团队，研究、提炼重点产业领域关键核心技术需求，通过联合布局重点研发计划、组织协同攻坚、构建协同创新生态等方式，形成产业出题、协同解题的产业链创新链协同机制。围绕大湾区集成电路、新型显示、人工智能、智能新能源汽车、生物医药等重点产业关键核心技术，前瞻性地设立重点研发专项，引导和组织高水平高校、科研院所、产业链骨干企业和新锐创新企业，持续围绕关键核心技术和前沿理论开展研发创新。支持以企业为核心跨区域分类组建产业领军企业、新技术企业、新型研发机构和研究型高校等多主体协同的创新联合体，联合突破核心基础零部件、关键基础材料、先进基础工艺和产业技术基础等核心技术、“卡脖子”技术，促进三地创新链与产业链高效衔接。

3. 发挥重大科技任务战略牵引作用

充分发挥大科学计划和大科学工程、重大科技项目、重大工程项目等重大科技任务的牵引作用，统筹配置大湾区创新资源，强化项目、人才、基地、资金等创新要素的一体化配置。以重大科技任务为依托，破除粤港澳三地范围内国家实验室、高水平高校、科技领军企业等各主体间的制度障碍，在项目支持、人才流动、科研数据共享、项目管理评价等方面深化制度创新，集聚各方力量推动国家重大科技项目和关键核心技术攻关。

三、对策建议

（一）构建“央地联动、三地协同”的统筹推进机制

1. 搭建“央地联动、上下协同”的组织架构

成立由中央科技办牵头，中央科技委成员单位、粤港澳三地及九城市政府部门共同组成的工作领导小组，共同推进粤港澳大湾区国际科技创新中心建设，建立完善中央科技委领导下的议事协调机制，强化中央科技办对大湾区重大战略性区域和区域科技创新体系建设的指导，加强跨行业、跨部门、跨区域科技资源的统筹整合与优化配置。建立由科技部相关部门牵头、粤港澳三地科技主管部门共同参与的粤港澳大湾区科技创新协调小组，定期召开联席会议，推动解决创新要素跨境流动、重大科研基地建设、国家战略科技力量布局、关键核心技术攻关等重大事项，及时向上争取资源。

2. 建立健全粤港澳三地跨区域会商与协同推进机制

依托粤港、粤澳政府层面合作联席会议制度，积极围绕粤港澳科研人员往来、科研物资出入境、科研项目组织与管理、科技资源开放共享等方面开展试点，探索知识产权“一地申请、三地授权、权利互认”机制，推动三地创新政策协同。充分发挥内地与香港、内地与澳门科技合作委员会作用，由粤港、粤澳科技创新合作专责小组牵头，广东省科技厅、澳门经济及科技发展局、香港创新科技及工业局共同参与，每年定

期召开国际科技创新中心建设工作推进会，针对国际科技创新中心建设过程中需承担的国家重大科技任务及区域协同创新机制问题，开展专题会商或区域性会商，共同研究制定国际科技创新中心建设“断头路”清单，分阶段推进各项建设任务，建立会商任务落实情况定期通报制度。

3. 完善“广东省科技办＋广东九城市”工作会商机制

建立由广东省科技办领导，广东九城市定期工作协调机制，制度化举办年度会议、专题会议，共商共研粤港澳大湾区国际科技创新中心建设过程中面临的共性和关键问题，并及时将成果上报广东省科技厅，争取省领导对粤港澳大湾区国际科技创新中心、广深港澳科创走廊走廊建设的支持和帮助。依托工作会商机制，联合制定九城市协同攻关计划，共同设立九城市相关产业发展联盟，建立产业链协调联动长效机制等，共同促进九城市协同创新发展。实体化运作广深港澳科创走廊走廊联席会议办公室，作为粤港澳大湾区发展办公室的分支机构，由广东省九城市共派工作人员负责日常对接、协调和工作推进，及时汇总、上报、解决合作中遇到的各类问题。

（二）强化协同创新的政策法规体系与制度环境建设

推动建立大湾区协同创新立法工作专班，立足粤港澳三地功能定位和发展需求，坚持遵循客观规律和发展实际，大力推进三地立法衔接和协同。推动三地建立完善协同创新立法的联席会议、协商沟通、立法规划计划协同、法规常态化清理、学习交流借鉴等一系列工作机制，对需协同的重点领域、内容、原则、方式、机制、程序提出明确具体、可操作的要求。推动粤港澳两地政府及澳门经济及科技发展局、香港创新科技及工业局等科技部门，围绕创新要素跨境便捷流动、跨境科技合作平台、国家创新体系对接以及港澳与不同省市的科创合作等方面联合开展协同立法研究，探索将构建跨境协同创新机制、打造重大合作平台体系、强化知识产权保护及信用体系、加强国际通行规则衔接机制对接等部署和要求转化为法规条款。

（三）支持开展科技资源跨区域便利化流动试点

围绕科研经费跨境使用、科技资源跨境流动、科研仪器设备通关、科技人才交流等痛点难点堵点问题深化改革，努力打通制约科技要素流动的瓶颈和堵点。依托河套深港科技创新合作区等重大平台进行沙箱实验，开辟科研物资免税通关“绿色通道”，复制推广“跨境科研用物资正面清单”、生物医药研发用物品进口“白名单”等制度和相关监管便利措施。面向科研人员探索采用“一线高度便利出入境”通关模式，对货物实施“一线放开、二线管住、区内自由”监管模式，便利科技创新人力和物力资源出入。支持前海合作区、横琴合作区打造一批“人才融合特区”试点，探索引进国际通用的职业资格认证制度，便利金融、会计、咨询等行业领域的港澳和国际人才来粤执业。支持前海合作区开展深港高层次人才“双聘制”试点，鼓励两地协同引进培育一批顶尖科学家、高被引科学家及创新团队。支持前海合作区、横琴合作区探索实行与港澳接轨的税收政策，允许港澳人才转换工作地域时保留原养老保险关系及所积累的养老保险收益，促进科研人员跨境自由流动；对试点范围内跨境技术转让和科研劳务免征税收。支持深圳园区建设“国际数据港”，加大力度开展国际互联网访问跨境数据流动试点；在试点范围内探索内地与香港、美国、欧盟等有关数据保护、交易等方面的规则对接，支持经备案的科研机构及企业在保障安全前提下，实现科学研究数据跨境互联互通。

（四）营造国际一流的创新创业生态

构建国际通行科研管理体制，推动大湾区内地城市深度对接香港及国际科研管理制度，在科研项目评审、经费支出、成果转化、激励制度等开展全过程创新。加大力度支持港澳高校、科研机构牵头或参与国家和广东省、地市科技计划，对港澳科研人员承担的科技计划项目，探索适用港澳的审计准则。探索更加符合国际通行做法的重要奖项评审制度和重大创新平台管理机制，支持把更多港澳专家纳入国家和省市的专家评审库。支持大湾区内外国人工作许可和外国人才资质互认，推动完善港澳专业人才在大湾区内地职称申报机制，持续推动技术人才专业资格互认，扩大互认领域，让更多高端人才“工作在广东、生活在港澳”“科研在港澳、转化在广东”。加速推动港澳科技成果在内地产业化，完善技术创新和成果转移转化平台体系建设，加快构建覆盖“基础研究＋技术攻关＋成果转化＋科技金融＋人才支撑”全过程创新生态链。充分发挥香港“超级联系人”作用，建设国际领先的科研实验设施集群，打造一批具有国际竞争力的产业中试转化基地，加快提升大湾区在全球创新网络中的节点作用。

依托大湾区人才港，加快建设“实体＋云端”的“人才超市”，健全科技人才一站式、一条龙全程服务制度，对各类高层次人才提供“保姆式”优质高效服务，对各类全职人才提供便捷的落户政策宣介，打造以人才港为龙头的一港、一园、一卡、一站、一库的“五个一”人才服务。建立多主体供给、多渠道保障、租购并举的科技人才安居政策体系，通过租赁补贴、购房补贴、人才公寓等方式，为各级各类创新创业人才提供安居保障。